駿河台出版社 フランス語参考書目録

〒101-0062 東京都千代田区神田駿河台3-7
電話03(3291)1676(代) FAX03(3291)1675

(2025.2.1 現在、価格は消費税抜)

ご注文の方法

03(3291)1676　FAX 03(3291)1675
info@e-surugadai.com

- FAX・メールでご注文をお受けします。ご注文の書名、用数、ご住所、ご氏名、お電話番号をお知らせください。
- インターネット
  トップページ上のお問い合わせにて必要事項をご記入の上、送信してください。
  http://www.e-surugadai.com
  ※上記電話・FAX・メール・インターネットでご注文の場合、宅急便のコレクトサービス（代引き）にてお送り致します。代引き手数料は数量にかかわらず全国一律 300 円です。

郵便振替　口座番号 00160-8-636208

郵便局の振り込み用紙に、書名、用数、ご住所、ご氏名、ご注文の書名、用数、2500円未満の場合、別途送料 500円がかかります。（税込 2500円以上の場合、送料 310 円）明記の上、『本の代金＋送料 310 円』をお振り込みください。（加入者負担）
駿河台出版社。到着後の発送になります。

書店

書店さんに出版社名と書名をお伝えの上、ご注文下さい。

ケータイ〈万能〉フランス語文法

久松健一 著
B6/280頁　本体1600円
ISBN978-4-411-00476-5

文法のポイントを簡明にまとめ、"ころばぬ先のこの一冊"。1授業の予習・復習用に。2合格をみすえた仏検対策に。3フランス語の難所をしっかり理解するためにーマルチ対応する新世紀の文法書"!

ケータイ〈万能〉フランス語文法実践講義ノート

久松健一 著
A5/472頁　本体2500円
ISBN978-4-411-00521-2

『ケータイ〈万能〉フランス語文法』をベースに、文法項目をさらに詳しく解説。

ケータイ〈万能〉フランス語入門 (CD付)

B6/296頁　本体1600円
ISBN978-4-411-00525-0

英語がわかればフランス語はできる!

ロベール・クレ仏和辞典

最新の見出し語2.2万語+PC関連の新語。文法解説も充実しています。基本語1600語のままで使えます。コミュニケーションの時代の新しい学習辞典です。
西村牧夫・鳥居正文 中井珠子・飯田良子 菊地歌子 井元秀剛・増田一夫 編訳
新書判/上製・陶入り/1472頁/口絵カラー 8頁
本体3200円
ISBN978-4-411-02125-0

新・リュミエール フランス文法参考書 [増補改訂版 MP3 CD-ROM付]

ロングセラーのフランス文法参考書。初級文法のすべてが詳しく説明されています。文法をしっかり学びたい人に最適。発音、例文（日本語訳付）、主要な動詞活用を吹き込んだ MP3 CD-ROM 付。
森本英夫／三野博司 著
A5/352頁　本体2100円
ISBN978-4-411-00532-8

〈まモン〉といっしょにフランス語

Fabienne Guillemin

SURUGADAI-SHUPPANSHA

表紙写真（左から）
Le port de La Rochelle
Airvault (Deux-Sèvres)
Vigne
Nancy, place Stanislas
Nancy, porte de la Craffe

裏表紙写真（左から）
Rôtisserie sur le marché
Plage de la Martinique
Primeurs sur le marché
Maison de la Réunion
Joueurs de pétanque

写真：Véronique DUMASDELAGE
　　　Fabienne GUILLEMIN
　　　Sumiyo IDA
　　　Yoji IDA
　　　Jean LORSON
　　　Mariyo NAGAO
　　　Chiaki OGINO
　　　Masako SATO
　　　Naoko UENO
　　　Masahiro YAMAKAWA

音声は下記の方法でご用意しております．

● 音声無料ダウンロード
https://www.e-surugadai.com/books/isbn978-4-411-01352-1

● 別売りCD
ISBN 978-4-411-11352-8　定価880円（本体800円＋税10%）

装丁：dice

まえがき

　かつて，私は何度かフランスの地方を紹介する教科書をつくろうと考えたことがありましたが，27ある地方を12か13の課にまとめるのは容易ではありませんでした．ところが，2015年の領土改革で地域圏の数が，フランス本土13と海外領土5となり，これならいけると思い，私は仕事にとりかかることにしました．

　この教科書はエッフェル塔やバゲットで代表されるフランスの，パリ以外の地域についてより深く知って頂くためのもので，フランス本土全体と海外領土を紹介しています．現在（2016年）フランスには42の世界遺産があり，そのうちのいくつかも載せています．

　全13課で，最初に「地方」という概念についての話です．行政上の地方，歴史的な意味での地方…続く11の課では改革で再編されたフランス本土の各地方の紹介です．パリとイル・ド・フランス地方はあえて入れておりません．最後は5つの海外領土を1つの課でまとめました．

　まずは地理的特徴，気候の紹介から始め，風景，主要都市，産業，文化を取り上げ，その地方の全体のイメージを紹介できるように努めました．さらに《À déguster（味わうべきもの）》ではその地方独特の郷土料理を紹介し，《À voir（見るべきもの）》で世界遺産などを取り上げています．文末には関連サイトをQRコード付で載せていますので，サイトでカラー写真などご覧いただけます．

　本文の単語や表現の解説もあり，わかりやすくなっております．

　各課でGrammaireのポイントを1つ取り上げ，その練習問題をつけました．さらに単語を覚えるためのVocabulaireの練習問題もあります．巻末にはさらなる問題も出しておりますので，余裕がありましたらチャレンジしてみてください．

　この本を使う事により，言語の習得のみならず，《Tour de France》をお楽しみいただけたらと願っております．

　また実際のフランス各地への旅行，そして少し離れた海外領土への旅行の参考になれたら尚うれしいです．

著　者

Préface

Par le passé, j'avais plusieurs fois pensé à réaliser un manuel de présentation des régions de France mais avec 27 régions à traiter, ce n'était pas favorable pour la rédaction de 12 ou 13 leçons. Or, la réforme territoriale de 2015 a réduit le nombre des régions à 13, pour la métropole, auxquelles s'ajoutent 5 d'outre-mer. Un nombre, cette fois, presque parfait. C'est donc sans hésiter que je me suis mise à la tâche.

L'objectif de ce manuel est d'offrir à ses utilisateurs une meilleure connaissance de la France, en dehors de Paris, de la Tour Eiffel et de la baguette. J'y présenterai donc les régions de France métropolitaine et également celles d'outre-mer. Et puisqu'il y a, à ce jour (2023), 49 biens français classés au patrimoine mondial de l'humanité, j'en ai sélectionné plusieurs en les associant à la région où ils se trouvent.

Le manuel comprend 13 leçons :

- Une introduction consacrée à des généralités sur le territoire français et à la notion de région : région administrative, région historique, région d'outre-mer.
- 11 leçons présentant chacune une des nouvelles régions (la Corse est présentée avec la Provence – Alpes-Côte-d'Azur). Paris et l'Île-de-France ont été volontairement exclus.
- Une dernière leçon regroupant les 5 régions d'outre-mer.

Je me suis appliquée à rassembler des informations d'ordre général sur le relief, le climat, les paysages, les villes principales, l'économie, le charme et la culture des régions, espérant pouvoir en donner une vue d'ensemble. À cela, j'ai ajouté une rubrique «À déguster» concernant la gastronomie régionale et une rubrique «À voir» présentant un ou plusieurs sites exceptionnels. Pour ces deux rubriques, des codes QR permettront aux professeurs et aux étudiants d'accéder à des documents visuels complémentaires.

La compréhension des textes de base est facilitée par un lexique bilingue systématique des mots ou expressions qui pourraient poser des difficultés.

Chaque leçon propose également deux activités sur la langue française : un point de révision de grammaire ainsi qu'un petit exercice portant sur le vocabulaire. En fin de manuel, on trouvera quelques pages récréatives à utiliser selon les besoins de la classe.

J'espère très sincèrement que les utilisateurs de ce manuel prendront plaisir à réaliser ce «Tour de France» virtuel tout en perfectionnant leurs connaissances de la langue.

Il est aussi de mon souhait que ce manuel contribue à des projets de voyages dans toute la France et même jusque dans ses territoires lointains d'outre-mer. Pourquoi pas ?

Fabienne GUILLEMIN

Je remercie tout particulièrement Naoko Ueno pour le concept et la direction du projet, Tomoko Takada-Suzuki pour les traductions, Atsuko Tsukakoshi pour ses précieuses remarques, et Daisuke Ueno pour le design. Un grand merci également à Chiaki, Claude, Jean, Kaoru, Masahiro, Mariyo, Masako, Nikita, Sumiyo, Véro et Yoji, qui ont contribué, de près ou de loin, à l'élaboration de ce manuel.

TABLE DES MATIÈRES

INTRODUCTION ———————————————————— 8
La France et l'organisation du territoire

1 LA BRETAGNE ———————————————————— 13
Point de grammaire：形容詞の最上級

2 LA NORMANDIE ———————————————————— 19
Point de grammaire：関係代名詞 qui と que

3 LES HAUTS-DE-FRANCE ———————————————————— 25
Point de grammaire：受動態

4 LE GRAND EST ———————————————————— 31
Point de grammaire：国名の冠詞と前置詞

5 LA BOURGOGNE – FRANCHE-COMTÉ ———————————————————— 39
Point de grammaire：関係代名詞 où

6 L'AUVERGNE – RHÔNE-ALPES ———————————————————— 45
Point de grammaire：形容詞 tout, toute, tous, toutes

7 PACA (PROVENCE – ALPES-CÔTE D'AZUR) et la CORSE ———————————————————— 51
Point de grammaire：不確かなニュースや出来事を表す条件法

8 L'OCCITANIE ———————————————————— 59
Point de grammaire：直説法単純未来

9 LA NOUVELLE-AQUITAINE ———————————————————— 66
Point de grammaire：中性代名詞 en

10 LES PAYS DE LA LOIRE ——————————————————— 75
Point de grammaire :「思い出」を述べる直説法半過去

11 LE CENTRE – VAL DE LOIRE ——————————————— 83
Point de grammaire : 関係代名詞 dont

12 LES DROM (LA GUADELOUPE / LA MARTINIQUE / LA GUYANE / LA RÉUNION / MAYOTTE) ————————————————— 90
Point de grammaire : depuis / il y a

RÉCRÉATION ———————————————————————— 102

INTRODUCTION
LA FRANCE

1 Avez-vous remarqué que la France a une forme plutôt géométrique ?

En effet, si vous tracez un HEXAGONE, vous pourrez assez facilement dessiner les contours de
5 la France comme ci-dessous :

IGN 2012 ou 2016 – Licence ouverte

Les médias emploient régulièrement cette expression, «l'Hexagone», pour éviter de répéter «la France».

Cette référence à un hexagone n'est pas
10 seulement dans le langage. Certaines sociétés, associations ou fédérations françaises l'utilisent dans leur logo. Et puis, on retrouve aussi l'hexagone sur les pièces françaises de 1 et 2 euros.

avez-vous remarqué	気づきましたか？
géométrique	幾何学的な
en effet	実際，確かに
tracez	描く
hexagone	六角形
contours	輪郭
éviter de	〜するのを避ける
référence à	〜への参照
certaines	いくつかの
fédérations	連盟
pièces	硬貨

Mais la France, ce n'est pas seulement l'Hexagone. L'Hexagone ne désigne que la France métropolitaine. Il faut y ajouter la France d'outre-mer : les territoires français situés en dehors du continent européen. Leur désignation officielle est les DROM-COM (Départements et régions d'outre-mer - collectivités d'outre-mer). Cependant, dans la conversation courante, on les appelle souvent de leur ancien nom, les DOM-TOM (Départements d'outre-mer-territoires d'outre-mer). Enfin, la France possède également des TAAF (Terres australes et antarctiques françaises), territoires inhabités où la présence humaine, en nombre très limité, est constituée seulement de militaires ou de scientifiques français.

Dans ce manuel nous traiterons essentiellement des cinq DROM (la Guadeloupe, la Martinique, la Guyane, la Réunion et Mayotte).

désigne 指し示す
la France métropolitaine フランス本土
la France d'outre-mer 海外のフランス
en dehors de 〜の外に
désignation 呼称
DROM-COM［ドゥロムコム］と発音. DROM はフランスの海外県・海外地域圏. COM は海外自治体.
département 県
DOM-TOM［ドムトム］と発音. フランスの海外県・海外領土.
territoire 領土
TAAF［タフ］と発音. フランス領南方・南極地方

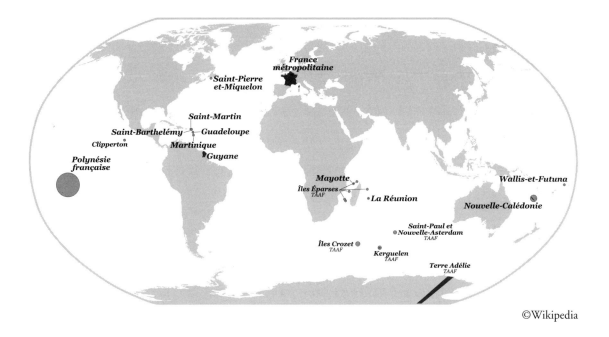
©Wikipedia

1   *L'ORGANISATION DU TERRITOIRE*

Après la Révolution de 1789, le territoire français a été divisé en DÉPARTEMENTS. Les compétences des départements sont variées :
5   l'action sociale, la santé, l'aménagement des voies de communication, la sécurité, l'éducation, la culture, le patrimoine… Actuellement, il y a 96 départements en France métropolitaine et 5 départements d'outre-mer.

10   Dans les années 1950, les départements ont été regroupés en 27 RÉGIONS pour promouvoir l'expansion économique et sociale. Les compétences des régions sont presque les mêmes que celles des départements mais à une plus

la Révolution	フランス革命
a été divisé	分割された
départements	県
compétences	権限
variées	さまざまな
action sociale	福祉
santé	健康
aménagement	整備
voies de communication	通信回線
sécurité	安全
patrimoine	遺産
dans les années1950	1950年代に
ont été regroupés	まとめられた
régions	地域圏
promouvoir	推進する
expansion	発展
à une plus grande échelle	より大きな規模で

grande échelle.

Puis, la réforme territoriale de 2015 a proposé de réduire le nombre des régions par fusionnement de 2 ou 3. Ainsi, depuis le 1ᵉʳ janvier 2016, il y a maintenant 13 régions métropolitaines et 5 régions d'outre-mer.

réforme territoriale 国土改革

réduire 減らす

fusionnement 合併

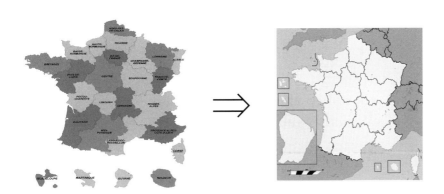

Dans la langue française, le mot «région» prend un sens différent selon les contextes. Il peut signifier :

- une RÉGION ADMINISTRATIVE (découpage artificiel pour l'organisation politique, administrative et économique du territoire).

Depuis juillet 2016, l'ancienne région Nord – Pas-de-Calais, qui a fusionné avec la Picardie, s'appelle les Hauts-de-France.

- une RÉGION HISTORIQUE ou un PAYS TRADITIONNEL (zone géographique, petite ou grande, qui a gardé le nom lié à son histoire).

sens 意味
contextes 場面, 状況
signifier 意味する
administrative 行政上の

découpage 区分
artificiel 人為的な

le Nord – Pas-de-Calais ノール゠パ・ド・カレ地域圏
a fusionné 合併した
la Picardie ピカルディ地域圏
les Hauts-de-France オ・ド・フランス地域圏

traditionnel 伝統的な

lié à 〜に関連した

1   *Les romans de George Sand nous ont donné envie d'aller en Sologne, sa région natale.*

Il n'y a que 18 régions administratives mais plus de 500 régions historiques en France.

ont donné envie de ～したいと思わせた
la Sologne ソローニュ地方

Compréhension

1) Quelle figure géométrique peut-on utiliser pour dessiner facilement les contours de la France ?
2) Les DROM-COM ou DOM-TOM, qu'est-ce que c'est ?
3) Comment traduire 県 en français ?
4) Depuis 2016, il y a combien de régions administratives en France ?
5) Quel est le but du regroupement des départements en régions ?

Vocabulaire

（　　）の中から適切な語を選び，必要なら形を変えて文を完成させなさい．
Choisissez le terme qui convient. Le cas échéant, faites les ajustements nécessaires.

1) Lorsque ces deux sociétés ont (réduire / éviter / fusionner), une centaine d'ouvriers ont été licenciés.
2) Kanazawa se trouve dans le (territoire / département / contexte) d'Ishikawa.
3) "Vers" et "vert" se prononcent de la même façon mais ils n'ont pas le même (sens / contexte / découpage).
4) Je n'ai pas (remarquer / réduire / désigner) les changements.
5) Le territoire français est (distinguer / diviser / fusionner) en départements.

1 LA BRETAGNE

C'est la région la plus à l'ouest de la France. Son relief est peu élevé, son climat plutôt doux toute l'année mais les jours de pluie y sont plus fréquents que sur l'ensemble du territoire français. Avec environ 1000 kilomètres de côtes de Cancale à Pornic, la Bretagne a tout naturellement développé ses activités principales en relation avec la mer.

Elle est donc avant tout un pays de marins avec de nombreux ports de pêche. La pêche et les industries s'y rapportant (telles les conserveries) restent le secteur le plus développé de l'économie bretonne. La construction navale y occupe également une place importante, dans les chantiers navals de Concarneau ou de Lorient, par exemple. Brest est le deuxième port militaire de France ainsi qu'un centre de réparation et de maintenance des bateaux de la Marine nationale. Enfin, tout au

1	la plus à l'ouest 最も西の. à l'ouest は形容詞相当句.
	relief 地形
	élevé 高い
	doux 穏やかな
	fréquents 頻繁な
5	côtes 沿岸
	Cancale カンカール
	Pornic ポルニック
	en relation avec ～に関連して
	avant tout 何よりまず
	marins 船員
	ports de pêche 漁港
	pêche 漁業
10	s'y rapportant それに関連している
	telles ～のような
	conserveries 缶詰工場
	secteur 部門
	bretonne ブルターニュ地方の
	construction navale 造船
	chantiers navals 造船所
	Concarneau コンカルノー
15	Lorient ロリアン
	Brest ブレスト
	port militaire 軍港
	ainsi que = et aussi
	réparation 修理
	maintenance メンテナンス

long de l'année mais principalement pendant les vacances d'été, la Bretagne accueille les touristes dans ses stations balnéaires ou dans ses petites îles au large de la côte.

À l'intérieur, l'économie reste tournée vers l'agriculture et l'élevage. Plus de la moitié des choux-fleurs et artichauts vendus sur les marchés français proviennent de Bretagne. Elle est également le premier producteur national de lait, de veaux, de volailles et d'œufs.

Cette région possède une identité culturelle très forte en raison de son histoire. Les invasions celtiques au Ve siècle ont laissé des traces que l'on retrouve encore aujourd'hui, dans sa musique et dans sa langue, entre autres. Le breton, reconnu comme langue régionale de France, est encore largement employé par les populations locales.

Enfin, la Bretagne est souvent qualifiée de terre de légendes et de mystères. Certains sites naturels exceptionnels ont inspiré de nombreux récits de la littérature bretonne. Les contes bretons sont peuplés de géants, de fées, de lutins et autres créatures fantastiques aux pouvoirs magiques qui habitent la lande, les monts ou les forêts. Les alignements de *dolmens* (pierres couchées) et *menhirs* (pierres dressées) à Carnac ont donné lieu à des interprétations dépassant l'imagination.

Rennes, la ville principale, a été élue en 2012 «la ville la plus agréable à vivre en France». Mais tout le monde s'accorde à dire que, simplement, il fait bon vivre partout, en Bretagne.

1	menhirs メンヒル(巨石記念物). 発音は［メニール］
	Carnac カルナック
	ont donné lieu à ～につながった
	interprétations 解釈
	dépassant 超える
	Rennes レンヌ
5	a été élue 選ばれた
	tout le monde s'accorde à dire que ... 誰もが…と言うことに同意する
	il fait bon vivre 住みやすい

À déguster

On adore les crêpes bretonnes qui se mangent tout simplement avec du beurre salé fondu ou du sucre. Pour un déjeuner léger, on aime les galettes, crêpes salées garnies de jambon, fromage, légumes variés ou champignons.

Les produits frais de la pêche du jour, plus particulièrement les tourteaux, les araignées de mer, les langoustines ou les huitres, sont très appréciés.

La cuisine de Bretagne s'accompagne de cidre breton, de bières classiques ou régionales telles la cervoise ou la surprenante bière à l'eau de mer.

	crêpes クレープ
	beurre salé 塩バター
	beurre fondu 溶かしバター
	galettes ガレット(そば粉のクレープ)
10	salées 塩味の
	garnies de ～入りの
	jambon ハム
	pêche du jour 本日の漁
	tourteaux イチョウガニ
	araignées de mer ケアシガニ
	langoustines アカザエビ
15	huitres 牡蠣
	s'accompagne de ～を伴う
	cidre シードル, りんご酒
	cervoise セルヴォワーズ(大麦のビール)
	surprenante 驚くべき, 意外な
	bière à l'eau de mer 海水で作ったビール

Galette   Bière à l'eau de mer

Recette de la galette bretonne
https://www.youtube.com/watch?v=3J5dp6iPREM

À voir
Saint-Malo

Le port de Saint-Malo est comme un labyrinthe de rues médiévales qui témoignent de son passé historique et culturel. L'héritage des activités des pirates du XIXe siècle se retrouve un peu partout dans la ville. Les boutiques d'artisans, les odeurs des restaurants, les marchés en plein air, les cafés, créent une ambiance romantique qui enchante les visiteurs.

Saint-Malo サン゠マロ
labyrinthe 迷宮
médiévales 中世の
témoignent de 〜を物語る
héritage 遺産
pirates 海賊

artisans 職人

marchés en plein air 屋外市場
ambiance 雰囲気
enchante 楽しませる．魅了する
visiteurs 観光客

Les alignements de Carnac

Il s'agit d'alignements mégalithiques répartis sur plus de quatre kilomètres : plus de 3000 *menhirs* (pierres dressées), des *dolmens* (pierres couchées) et des allées couvertes. Les alignements de Carnac datent d'environ 3300 ans avant Jésus-Christ. Ce sont les ensembles mégalithiques les plus importants du monde. À l'heure actuelle, les alignements de Carnac restent un mystère. Lieux de cérémonies, voies sacrées, marques d'un territoire, calendriers indiquant le cycle des récoltes ? Les hommes qui ont aligné ces pierres ont emporté leur secret avec eux.

1	les alignements de Carnac カルナック列石
	il s'agit de ～である
	alignements méghalithiques 巨石の列
	répartis 配置された
5	allées couvertes 屋根付きの通路
	datent de ～にさかのぼる
	avant Jésus-Christ 紀元前，BC
	à l'heure actuelle 現代では
	lieux de cérémonie 儀式の場所
	voies sacrées 聖なる道
10	marques d'un territoire 領地の印
	cycle des récoltes 収穫の周期
	ont aligné 並べた
	ont emporté leur secret 秘密を持ち去った

Dolmens et menhirs à Carnac

Carnac
https://www.youtube.com/watch?v=sl5kA6XmYYk

Compréhension

1) Quel est le secteur le plus développé de l'économie en Bretagne ? Pourquoi ?
2) Citez deux légumes qui sont cultivés en Bretagne.
3) Quelles invasions ont eu une influence sur la culture bretonne ?
4) Dans quels domaines trouve-t-on encore aujourd'hui des traces de cette influence ?
5) Quelle est l'image de Rennes, sa capitale, dans l'opinion française ?

Grammaire

Les alignement de Carnac sont les ensembles mégalithiques les plus importants du monde.

形容詞の最上級
le plus ［形容詞］（男性単数）de ... / de tous / de tous les ...
la plus ［形容詞］（女性単数）de ... / de toutes / de toutes les ...
les plus ［形容詞］（複数）de ... / de tous / de toutes / de tous les / de toutes les ...

次の語を使って最上級の文をつくりなさい．
Faites des phrases contenant un superlatif avec les éléments donnés.

1) L'Amazone / fleuve *(m.)* / long / monde

2) Le mont Blanc / montagne *(f.)* / haut / Europe

3) Pikachu / célèbre / les Pokémons *(m.)*

4) Le lac Biwa / lac *(m.)* / grand / Japon

5) Mariko / bavard / mes copines

Vocabulaire

（　　）の中から適切な語を選び，必要なら形を変えて文を完成させなさい．
Choisissez le terme qui convient. Le cas échéant, faites les ajustements nécessaires.

1) Atami est une jolie (station balnéaire / construction navale / port de pêche) au Japon.
2) (Il s'agit de / En raison de / Peuplé de) mauvais temps, le pique-nique a été annulé.
3) Je ne peux pas acheter cette maison. Elle (accueillir / provenir / dépasser) mon budget.
4) Les fromages qui (provenir / dépasser / accueillir) de France sont bien appréciés au Japon.
5) Les orages sont très (fréquent / élevé / doux) dans cette région.

2 LA NORMANDIE
(Haute-Normandie – Basse-Normandie)

La Normandie est une région aux paysages contrastés. Elle est bordée par la Manche sur plus de 600 kilomètres. Le paysage côtier est le plus souvent très découpé, avec de hautes falaises de calcaire aux formes parfois étonnantes. Mais la côte normande offre également un grand nombre de vastes plages, plages de galets ou de sable fin. Deauville, pour son casino, ses palaces, son Grand Prix hippique, et Honfleur, pour son charme pittoresque, sont deux stations balnéaires qui attirent les touristes à chaque saison de l'année. L'intérieur de la région est connu pour le charme de ses paysages de *bocage* : les prés et les champs sont entourés de petites haies d'arbustes ou de buissons qui servent à protéger les récoltes et le bétail contre le vent du large. La préfecture régionale de Normandie est Rouen.

En raison de sa situation géographique, la

```
1   contrastés 対照的な
    la Manche 英仏海峡
    bordée par 〜に沿った
    paysage côtier 海岸の風景
    découpé 切り立った
    falaises 崖，断崖，絶壁
5   calcaire 石灰岩
    galets 小石
    sable fin 細かい砂
    Deauville ドーヴィル
    palaces 高級ホテル
    Grand Prix hippique 競馬のグラン
      プリ
    Honfleur オンフルール
10  charme pittoresque 絵のような魅力
    stations balnéaires シーサイドリゾ
      ート，海水浴場
    à chaque saison de l'année 一年の
      どの季節も
    bocage 生け垣
    prés 草原，牧場
    entourés de 〜で囲まれている
    haies 垣根
15  arbustes 低木
    buissons ブッシュ，茂み，やぶ
    servent à 〜に役立っている
    récoltes 収穫物
    bétail 家畜
```

Normandie a souvent été, dans l'histoire, un lieu de grandes batailles, de l'invasion des Vikings du IXe siècle jusqu'à la Seconde Guerre mondiale. Le 6 juin 1944, les troupes alliées (principalement anglaises, américaines, canadiennes et troupes de France libre) ont débarqué sur les plages normandes et marqué le premier jour de la libération de la France de l'occupation allemande. Les combats ont été terribles. Ils ont fait des milliers de victimes et causé la destruction quasi totale de plusieurs villes normandes comme Le Havre et Caen.

L'économie de la Normandie est principalement centrée sur l'agriculture et l'élevage, dans la partie intérieure de la région. Les vaches normandes produisent un excellent lait qui est transformé en crème, beurre ou fromage, tel le célèbre camembert. Dans les environs du Mont-Saint-Michel, on élève des moutons sur les «prés salés», là où l'herbe est salée par l'influence de la mer, ce qui donne à la viande une saveur originale. Sur la partie côtière, la pêche est importante mais également le transport maritime et le trafic de passagers vers l'Angleterre.

On ne peut parler de la Normandie sans

évoquer ses pommiers. En effet, la Normandie est grande productrice de pommes ainsi que de produits qui lui sont associés : cidre et calvados (alcool de pommes). En France, dans un banquet, il est de coutume de «faire le trou normand» : au milieu du repas : on boit un petit verre de calvados pour faciliter la digestion.

Pour désigner une réponse ambiguë et évasive, on dit parfois en français que c'est «une réponse de Normand». Cette expression sous-entend que les Normands seraient hypocrites. Bien entendu, cette mauvaise réputation est sans aucun fondement. Un Normand est aussi fiable que n'importe quel autre Français.

1 évoquer 思い起こす
ainsi que = et aussi
associés 関連した
cidre シードル，りんご酒
calvados カルヴァドス（りんご酒から作るブランデー）
banquet 宴会
5 il est de coutume de 〜する慣習となっている
faciliter 助ける
digestion 消化
désigner 指し示す
ambiguë 曖昧な
évasive どっちつかずの
10 sous-entend 思わせる，ほのめかす
hypocrites ずる賢い
réputation 評判
fondement 根拠
fiable 信頼できる
n'importe quel どの〜でも

Deauville
https://www.youtube.com/watch?v=tz9Yq7_w7_8

Honfleur
https://www.youtube.com/watch?v=gOqUU6kwPiE

Plages du débarquement
https://www.youtube.com/watch?v=nhtAOM3NiaQ

À déguster

La pomme, le lait, la viande et les fruits de mer sont à la base de nombreuses spécialités de la cuisine normande : pâtisseries aux pommes, *tripes*

15 fruits de mer シーフード
pâtisserie お菓子
tripes à la mode de Caen カーン風トリップ（牛の胃を使った煮こみ料理）

1 *à la mode de Caen*, agneau de prés salés, moules à la crème. La tarte au camembert est une spécialité normande à ne pas manquer. Le cidre normand est apprécié de tous et le calvados (alcool de
5 pommes) est reconnu pour ses propriétés digestives.

agneau 子羊
moules ムール貝

à ne pas manquer 見逃せない

apprécié 高く評価されている

propriétés digestives 消化によいという特性

Tripes à la mode de Caen

À voir
La baie du Mont-Saint-Michel
(Patrimoine mondial de l'humanité)

Le Mont-Saint-Michel se dresse sur un îlot
10 rocheux au milieu d'une large baie de grèves sablonneuses. À marée basse, on peut se rendre au Mont-Saint-Michel à pied mais à marée haute, il est complètement entouré par la mer. Il y a plus de mille ans, une petite abbaye dédiée à l'archange
15 Michel y a été construite. Au cours des siècles, le village et l'abbaye se sont agrandis, adaptant leur style et leur architecture aux défis posés par ce site naturel très particulier. Le Mont-Saint-Michel est connu comme «La Merveille de l'Occident».

baie 湾
Patrimoine mondial de l'humanité 世界遺産
se dresse そびえ立つ
îlot rocheux 岩の小島
grèves sablonneuses 砂浜
à marée basse 干潮時に
se rendre à ～へ行く
à marée haute 満潮時に
entouré par ～に囲まれている
abbaye 修道院
dédiée à ～に奉献された
l'archange Michel 大天使ミカエル
au cours des siècles 何世紀にもわたって
se sont agrandis 大きくなった
adaptant 適応させながら
architecture 建築
défis 難題
posés par ～で生じた
site 地形
La Merveille de l'Occident 西洋(文明)の傑作

Le Mont-Saint-Michel

Mont-Saint-Michel
https://www.youtube.com/watch?v=_Y_Ybz7c_ew

Les falaises d'Étretat

Étretat est un village de Normandie bien connu pour ses magnifiques hautes formations rocheuses dans la mer : les falaises d'Étretat. Ces falaises de craie, presque immaculées, aux formes inédites, ont inspiré beaucoup de peintres tels que Claude Monet ou Gustave Courbet et d'écrivains tels que Guy de Maupassant ou Gustave Flaubert.

1　les falaises d'Étretat エトルタの断崖
　　hautes formations rocheuses 高い岩の形成
　　craie 白亜
　　immaculées 純白の
5　inédites 珍しい
　　ont inspiré インスピレーションを与えた
　　peintres 画家
　　Claude Monet クロード・モネ
　　Gustave Courbet ギュスターブ・クールベ
　　écrivains 作家
　　Guy de Maupassant ギ・ド・モーパッサン
　　Gustave Flaubert ギュスターブ・フロベール

Les falaises d'Étretat

Falaises d'Étretat
https://www.youtube.com/watch?v=-5-UDo_ibEE

Compréhension

1) Quel est le nom de la mer qui borde la Normandie ?
2) Pourquoi peut-on dire que la Normandie est une région aux paysages contrastés ?
3) Qu'est-ce qui s'est passé en Normandie le 6 juin 1944 ?
4) Quel est le fruit emblématique de la Normandie ?
5) «Une réponse de Normand», qu'est-ce que c'est ?

Grammaire

Les vaches normandes produisent un excellent lait qui est transformé en crème, beurre ou fromage.

関係代名詞 qui と que		
先行詞（人あるいは物）＝主語	qui	動詞 .... （先行詞は動詞の主語）
Les vaches normandes produisent un excellent **lait**	qui	**est transformé** en crème, beurre ou fromage.
先行詞（人あるいは物）＝直・目	que	主語＋動詞（先行詞は動詞の直接目的語）
J'ai écrit au **professeur**	que	**tu m'as conseillé.**

下線に qui または que を入れて文を完成させなさい．
Complétez avec QUI ou QUE.

1) Est-ce que tu peux me rendre le livre _____ je t'ai prêté la semaine dernière.
2) Je te remercie sincèrement pour le petit cadeau _____ tu m'as envoyé.
3) Il faudrait couper les branches _____ sont trop longues.
4) Mariko, c'est une amie _____ je respecte beaucoup pour son courage et sa détermination.
5) Il a pris des décisions _____ vont changer beaucoup de choses.
6) Donnez-moi la liste des personnes _____ je dois rencontrer.
7) Le réchauffement climatique est un problème _____ concerne tous les pays du monde.
8) Les informations _____ sont dans cette brochure seront toutes très utiles.
9) J'ai donné à ma voisine tous les vêtements de mon fils _____ étaient trop petits.
10) Est-ce que tu as vu l'accident _____ est arrivé au carrefour ?

Vocabulaire

（　　）の中から適切な語を選び，必要なら形を変えて文を完成させなさい．
Choisissez le terme qui convient. Le cas échéant, faites les ajustements nécessaires.

1) Au Japon, (n'importe quel / il est de coutume / en raison de) d'enlever ses chaussures quand on entre dans la maison.
2) Ce bouton, ça (servir à / sous-entendre / causer) quoi ?
3) Aujourd'hui, on ira à la (plage / falaise / haie) et on se baignera dans la mer.
4) Il n'a pas répondu à mon message. C'est (ambigu / étonnant / fiable).
5) Nous avons fait un petit voyage dans les (environ / présalé / galet) du mont Fuji.

3 LES HAUTS-DE-FRANCE
(Nord - Pas-de-Calais - Picardie)

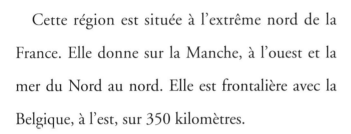

Cette région est située à l'extrême nord de la France. Elle donne sur la Manche, à l'ouest et la mer du Nord au nord. Elle est frontalière avec la Belgique, à l'est, sur 350 kilomètres.

Bien que la plus au nord, ce n'est pas la région la plus froide de France. Son climat est assez contrasté. Sur les côtes, il est plutôt doux en hiver mais froid à l'intérieur, avec parfois de la neige. Les étés sont en général agréablement frais.

Au XIXᵉ siècle, pendant la révolution industrielle, elle a connu un développement économique exceptionnel grâce à l'exploitation des mines de charbon et de fer. On la surnommait alors «la première usine de France». Mais en conséquence, ses territoires naturels ont été fortement modifiés. Plus particulièrement, les *terrils*, ces collines artificielles construites par accumulation des résidus miniers, sont devenus

	donne sur ～に面している
	la Manche 英仏海峡
	la mer du Nord 北海
	frontalière 国境の
	climat 気候
	contrasté 対照的な
	en général 一般的に
	révolution industrielle 産業革命
	développement 発展
	exceptionnel 並外れた
	mines 鉱山
	charbon 石炭
	fer 鉄
	surnommait 呼んでいた
	usine 工場
	en conséquence その結果
	ont été modifiés 変えられた
	terrils ぼた山(排土の捨て場所)
	collines artificielles 人工的な丘
	accumulation 蓄積
	résidus miniers 鉱山の残りかす

des éléments typiques du paysage de cette région.

Dans les années 1970, le Nord–Pas-de-Calais a été très touché par la crise économique. Les mines ont fermé, les industries sidérurgiques se sont arrêtées et l'industrie textile était en difficulté. Une reconversion efficace a permis à la région de conserver une activité industrielle importante dans des domaines variés : usines de construction automobile, papeteries, verreries, cimenteries, industries du bois, conserveries alimentaires, textile. Mais aujourd'hui, les Hauts-de-France restent une région principalement agricole avec l'élevage et les cultures (céréales, betteraves, pommes de terre …).

La capitale de région, Lille, est aussi la 4e ville de France. En 1998, la société Toyota s'est installée près de Valenciennes. On y construit la Toyota Yaris pour l'exportation en Europe, aux États-Unis et au Canada. Häagen-Dazs a choisi Arras pour produire ses glaces commercialisées en Europe. Avec l'ouverture du tunnel sous la Manche en 1994, Calais est aujourd'hui le premier port de France pour le trafic de passagers. Amiens est la ville la plus peuplée de la région. Elle est célèbre pour sa magnifique cathédrale gothique, l'une des

---

a été très touché par 〜によって非常に影響を受けた

crise économique 経済危機
industries sidérurgiques 鉄鋼業界
industrie textile 繊維産業
reconversion 転換
efficace 効果的な
conserver 保持する
activité industrielle 産業活動
papeteries 製紙工場
verreries ガラス工場
cimenteries セメント工場
industries du bois 材木業
conserveries 缶詰工場

élevage 牧畜
cultures 栽培
céréales 穀類
betteraves ビート
Lille リール
s'est installée 工場を構えた
Valenciennes ヴァランシエンヌ
Yaris ヤリス(トヨタ車)
exportation 輸出
Häagen-Dazs ハーゲンダッツ．発音は［ハーゲンダス］．
Arras アラス
glaces アイスクリーム
commercialisées 商品化された
le tunnel sous la Manche 英仏海峡トンネル
Calais カレー
trafic de passagers 旅客輸送
Amiens アミアン
la plus peuplée 最も人口の多い
célèbre 有名な
cathédrale 大聖堂
gothique ゴシック様式の

plus grandes du monde.

Enfin, on appelle souvent les gens du Nord les *Ch'tis*, en référence au patois local (le *ch'ti* ou *ch'timi*) qui est parlé dans cette région. Ils sont réputés pour leur grande générosité et on dit qu'ils «ont dans le cœur le soleil qu'ils n'ont pas dehors».

1	Ch'tis [シュティ] と発音.
	en référence à ～を参照して
	patois お国なまり
	ch'timi [シュティミ] と発音.
	réputés pour ～で有名である
5	ils ont dans le cœur le soleil qu'ils n'ont pas dehors 彼らは外でめったに見えない太陽を心の中にもっている（「心が暖かい」という意味. エンリコ・マシアスのシャンソンの一節.）

Cathédrale d'Amiens
https://www.youtube.com/watch?v=pdpTUgso07w

À déguster

Dans les Hauts-de-France, vous pourrez manger des frites à la *baraque à frites*, accompagnées d'une *fricadelle* (boulette de viande en forme de saucisse) ou de moules. Comme boisson, vous aurez un grand choix de bières produites dans les brasseries locales. Vous pourrez essayer aussi le *maroilles*, un fromage assez fort en goût, ou la *mimolette* qui ressemble à l'edam hollandais. Et comme souvenirs de votre passage dans cette région, achetez des *Bêtises de Cambrai* (bonbons rayés de caramel sucré à la menthe) ou des *Carambars* (barres de caramel mou).

	baraque à frites フライドポテトの屋台
	accompagnées de ～を添えた
	fricadelle フリカデル（料理）
	boulette de viande ミートボール
10	en forme de ～の形の
	moules ムール貝
	brasseries ビール醸造所
	le maroilles マロワール（チーズ）
	fort en goût 風味の強い
	la mimolette ミモレット（チーズ）
	ressemble à ～に似ている
	l'edam エダム（チーズ）
15	Bêtises de Cambrai ベティーズ・ドゥ・カンブレ（飴の名前）
	bonbons 飴，キャンディー
	rayés 縞模様の
	Carambars カランバール（キャラメルバーの名前）
	mou 柔らかい

Baraque à frites
https://www.youtube.com/watch?v=8BfPiGP5HXc

Fricadelle
https://www.youtube.com/watch?v=qIyedtLWdGc

Mimolette
https://www.youtube.com/watch?v=SmiwvD11caU

Bêtises de Cambrai
https://www.youtube.com/watch?v=Ei8LcpkJ5c8

Maroilles
https://www.youtube.com/watch?v=-HkDKIRp2UY

Carambars
https://www.youtube.com/watch?v=mKTyyvKmc3o

1 *À voir*
Le bassin minier du Nord – Pas-de-Calais
(Patrimoine mondial de l'humanité)

Le bassin minier du Nord – Pas-de-Calais est
5 un «ouvrage combiné de l'homme et de la nature».
En effet, l'exploitation des mines de charbon, du
XVIIIe au XXe siècle, a modifié les caractères
physiques originels du territoire et façonné un
nouveau paysage original : un paysage industriel.
10 Les 109 éléments qui composent ce site (fosses,
chevalements, terrils, villages, écoles, édifices
religieux ou administratifs, …) sont dispersés dans
toute la région. Ils témoignent des conditions de
vie des mineurs et de la solidarité entre les

Le bassin minier du Nord – Pas-de-Calais ノール＝パ・ドゥ・カレー地方の炭田地帯
bassin minier 鉱床
ouvrage combiné 結合作品
en effet 実際
exploitation 開発
mines de charbon 炭鉱
a modifié 変えた
physiques 自然の
originels 元の
a façonné 形づくった
original 独創的な
paysage 景観
site 地帯
fosses 鉱山坑, 鉱山ピット
chevalements 巻き上げやぐら（鉱山の立抗の骨組み）
édifices 建物
dispersés 散在している
témoignent 証言する, 物語る

travailleurs, du milieu du XIXe siècle aux années 1960.

1　mineurs 鉱山労働者
　　solidarité 連帯

Chevalement

Terril

Bassin minier
https://www.youtube.com/watch?v=bVcxOlhO31Q

Compréhension

1) Les Hauts-de-France, c'est la région la plus au nord ou la plus au sud de la France ?
2) Cette région a une frontière avec quel pays ?
3) À cause de quoi est-ce que les paysages naturels de cette région ont été fortement modifiés ?
4) Grâce à quoi est-ce que Calais est devenu le premier port de France pour le trafic des passagers ?
5) Quelle est la qualité des gens du Nord ?

Grammaire

Les territoires naturels ont été fortement modifiés par l'exploitation des mines de charbon.

Le *ch'ti*, patois local, est parlé (par les habitants) dans le Nord de la France.

能動態

主語	動詞	目的語
Les habitants du Nord	parlent	le ch'ti

受動態

能動態の目的語→主語	être + 過去分詞	(par + 能動態の主語→動作主)
Le ch'ti	est parlé	dans le Nord de la France (par les habitants)

次の文を受動態にしなさい.
Transformez les phrases à la forme passive.

1) John Lenon a composé cette chanson.

2) La police a arrêté le cambrioleur.

3) On a retrouvé la voiture volée.

4) Le Premier ministre recevra les syndicats la semaine prochaine.

5) En général, les Français apprécient la cuisine japonaise.

Vocabulaire

（　）の中から適切な語を選び，必要なら形を変えて文を完成させなさい.
Choisissez le terme qui convient. Le cas échéant, faites les ajustements nécessaires.

1) Le baseballeur Matsui était (dispersé / surnommé / contrasté) « ゴジラ ».
2) Ils ont une maison à Atami qui (donner / conserver / façonner) sur la mer.
3) Malgré les nombreuses critiques, il n'a pas voulu (modifier / témoigner / façonner) son projet.
4) Après leur mariage, ils ont quitté Paris et ils (s'installer / ressembler / conserver) dans un petit village du Nord de la France.
5) J'ai (conservé / contrasté / dispersé) tous mes livres de l'école primaire. Je n'ai rien jeté.

4 LE GRAND EST
(ALSACE-LORRAINE – CHAMPAGNE-ARDENNE)

Frontalière avec quatre pays (la Belgique, le Luxembourg, l'Allemagne et la Suisse), cette région est particulièrement dynamique aujourd'hui dans le domaine des échanges internationaux en Europe. Sa plus grande ville, Strasbourg, est le siège officiel du Parlement européen. Reims, Metz, Nancy et Troyes, sont les autres villes importantes du Grand Est.

L'Alsace et la Lorraine ont un passé historique tourmenté en raison des différents conflits entre la France et l'Allemagne. De nombreux endroits témoignent encore des horreurs de la guerre. Verdun, ville particulièrement touchée lors des deux dernières guerres mondiales, a fondé le centre mondial de la Paix, des Libertés et des Droits de l'Homme dont les nombreuses activités visent à la promotion de la paix dans le monde.

Le Grand Est évoque des paysages remplis de

```
1  frontalière 国境の

   dans le domaine de ～の分野で
   échanges 交流
   Strasbourg ストラスブール
5  siège 本部
   le Parlement européen 欧州議会
   Reims ランス
   Metz メッス
   Troyes トロワ
   Nancy ナンシー
   passé historique 歴史的過去
   tourmenté 苦しめられた
10 conflits 紛争
   endroits 場所
   témoignent de ～を物語る
   horreurs 恐怖
   Verdun ヴェルダン
   touchée 影響を受けた
   lors de ～の時に
   a fondé 創設した
15 le centre mondial de la Paix , des
      Libertés et des Droits de
      l'Homme 平和, 自由, 人権の国
      際センター
   visent à ～を目指す
   évoque 思い起こさせる
```

charme où les voyageurs peuvent venir se ressourcer. Le tourisme vert y est en plein essor. Les amateurs de randonnées apprécient les monts des Vosges pour leurs paysages exceptionnels. En plus de ses vallons verdoyants, on trouve en Alsace les plus beaux villages traditionnels de France. La campagne champenoise offre de nombreux sites naturels où l'on aime se balader à pieds ou en vélo.

Le Grand Est est également une région de vignobles : celui d'Alsace, bien sûr, mais surtout celui de Champagne. Qui ne connaît pas le fameux «champagne», cette boisson des fêtes et des grandes occasions. C'est en Champagne-Ardenne, où plus de 60% des terres sont occupées par les vignes, que le champagne est né. La légende raconte que le moine Dom Pérignon aurait par hasard trouvé une unique méthode naturelle de faire mousser le vin de Champagne en bouteilles. En 2015, 312 millions de bouteilles de champagne ont été vendues dans le monde. Les vignobles d'Alsace fournissent également des vins blancs très réputés. La «route des vins» est un itinéraire touristique traversant le vignoble alsacien sur 170 kilomètres et qui permet de découvrir plus de 300 domaines viticoles où l'on peut

---

se ressourcer リフレッシュする
tourisme vert グリーンツーリズム
en plein essor 飛躍的に発展している
amateurs 愛好家
randonnées ハイキング，トレッキング
apprécient 好む，高く評価する
les Vosges ヴォージュ山脈
vallons 小さな谷
verdoyants 緑に覆われた
champenoise シャンパーニュ地方の
se balader 散歩する，遠足する

vignobles ブドウ栽培地

champagne シャンパン，発音は［シャンパーニュ］
grandes occasions 特別な日

vignes ブドウ畑
raconte 物語る
moine 修道士
Dom Pérignon ドン・ペリニョン
aurait par hasard trouvé 偶然に発見したらしい（条件法 p.57 Grammaire 参照）
faire mousser 泡立たせる

fournissent 提供する

réputés 名高い

itinéraire ルート
traversant sur plus de ... km ～キロ以上に渡って横断する

domaines viticoles ワイン醸造地

déguster les différents crus. À parcourir avec prudence, tout de même !

En plus du champagne, voici quelques éléments uniques de cette région et qui font sa réputation en France et dans le monde :

- La mirabelle de Lorraine : c'est une petite prune ronde de couleur jaune, juteuse et sucrée, qui ne se trouve que dans cette région.

- Les marchés de Noël : originaires de l'Alsace, ce sont des petits marchés qui, en décembre, proposent des articles sur le thème de Noël (décorations, friandises traditionnelles, boissons, petits cadeaux).

- La cristallerie de Baccarat, la cristallerie Daum, la verrerie Lalique : ce sont des entreprises verrières de renommée mondiale qui produisent un grand nombre d'articles de luxe (verres, lustres, flacons, bijoux, vases, …)

1	déguster 味わう
	crus 特産ワイン
	avec prudence 慎重に
	tout de même それでも
	en plus de 〜以外に
5	
	mirabelle ミラベル（スモモの一種）
	prune プラム，セイヨウスモモ
	juteuse ジューシーな
	se trouve ある，存在する
	originaires de 〜の生まれの
	articles 品物
10	friandises お菓子
	cristallerie クリスタルガラス製造所
	Baccarat バカラ
	Daum ドーム
	verrerie ガラス工場
	Lalique ラリック
	entreprises verrières ガラス製品製造会社
15	de renommée mondiale 世界的に有名な
	lustres シャンデリア
	flacons 小瓶
	bijoux 宝石
	vases 花瓶

Mirabelles
https://www.youtube.com/watch?v=A36Ii0spP8o

Baccarat
https://www.youtube.com/watch?v=pR3H_w0IeJg

Daum
https://www.youtube.com/watch?v=wDnRXLsgGo0

Lalique
https://www.youtube.com/watch?v=bripv7pyFfs

À déguster

La quiche lorraine est bien connue au Japon. Cependant, la véritable quiche lorraine ne contient que du lard, que l'on ajoute au mélange de crème et œufs battus avant de mettre au four.

La choucroute est le plat traditionnel en Alsace. *Choucroute* désigne seulement le légume de base, le chou, qu'on a laissé fermenter naturellement dans de la saumure. On le cuisine ensuite avec différents accompagnements comme des saucisses, de la poitrine de porc fumée, du jambon sec, des pommes de terre. La «choucroute garnie» se mange alors avec du vin blanc d'Alsace ou une des nombreuses bières régionales.

La tarte aux mirabelles est bien sûr une spécialité de la région. Et enfin, avec un thé à la mirabelle, vous pourrez déguster des madeleines, célèbre petit gâteau qui est originaire de Commercy en Lorraine.

quiche lorraine ロレーヌ風キッシュ
cependant しかしながら
véritable 本当の
lard ベーコン
mélange 混ぜ合わせたもの
crème 生クリーム
œufs battus 溶き卵
four オーブン
choucroute シュークルート，ザウアークラウト（料理）
légume 野菜
chou キャベツ
a laissé fermenter 発酵させた
saumure 塩水
accompagnements 付け合わせ
poitrine de porc fumée スモークした豚の胸肉
jambon sec 乾燥保存した生ハム
choucroute garnie シュークルートのハム・ソーセージ添え（料理）

déguster 味わう

Commercy コメルシー

Tarte aux mirabelles

Quiche lorraine

Choucroute garnie

Choucroute garnie
https://www.youtube.com/watch?v=9CkA8kAyBu4

Madeleines
https://www.youtube.com/watch?v=CyIIOZa5_lk

À voir
La place Stanislas à Nancy
(Patrimoine mondial de l'humanité)

　La place Stanislas, 125 mètres de long et 106 mètres de large, est considérée comme l'une des plus belles places du monde. Elle est impressionnante par la beauté de ses décors. Elle est entourée de six portails imposants en fer forgé, rehaussés de feuilles d'or. Ces grilles ont été façonnées par Jean Lamour, célèbre ferronnier du XVIIIe siècle. Au centre de la vaste place, se dresse la statue de Stanislas Lesczinski, ancien roi de Pologne, devenu duc de Lorraine après le mariage de sa fille avec le roi de France Louis XV, et qui en a conçu le projet.

1　la place Stanislas スタニスラス広場
　... m de long 長さ〜メートル
　... m de large 幅〜メートル
　est considérée comme 〜と見なされている
5　impressionnante 印象的な
　décors 装飾
　est entourée de 〜に囲まれている
　portails 門
　imposants 堂々とした
　fer forgé 錬鉄
　rehaussés de 〜で装飾されている
　feuille d'or 金箔
10　ont été façonnées 作られた
　Jean Lamour ジャン・ラムール
　ferronnier 金具工芸家
　se dresse そびえ立つ
　statue 彫像
　Stanislas Lesczinsky スタニスラス・レクザンスキー
　ancien かつての
15　roi 王様
　la Pologne ポーランド
　duc de Lorraine ロレーヌ公
　a conçu le projet 計画を構想した

Place Stanislas

Nancy Place Stanislas
https://www.youtube.com/watch?v=p4J81-nYdJU&t=45s

1 **La Grande Île de Strasbourg**
   (Patrimoine mondial de l'humanité)

   C'est le centre historique de la capitale alsacienne. Il est entouré par deux bras de la rivière Ill, ce qui lui donne l'aspect d'une île. On peut y admirer un grand nombre de monuments d'une qualité architecturale remarquable : la cathédrale, quatre vieilles églises, le palais Rohan, ancienne résidence des princes-évêques. Cet
10 ensemble représente bien les fonctions de Strasbourg au Moyen Âge et son évolution du XVe au XVIIIe siècle.

Strasbourg	ストラスブール
est entouré par	〜に囲まれている
bras de la rivière Ill	イル川の支流
donne l'aspect de	〜の外観を与える
admirer	感嘆する
qualité architecturale	建築の質の良さ
remarquable	注目すべき
cathédrale	大聖堂
églises	教会
le palais Rohan	ロアン宮殿
résidence	住居
princes-évêques	司教
représente	表わしている
fonctions	機能

Strasbourg la Grande Île
https://www.youtube.com/watch?v=4HjBvdSGv2Q

Grande Île de Strasbourg

Compréhension

1) Quels sont le quatre pays frontaliers du Grand Est ?
2) Pourquoi peut-on dire que l'Alsace et la Lorraine ont un passé historique tourmenté ?
3) Quel est le vin, mondialement connu, produit en Champagne ?
4) Combien de bouteilles de ce vin ont été vendues dans le monde en 2015 ?
5) Citez trois autres spécialités de cette région.

Grammaire

Cette région est frontalière avec quatre pays : la Belgique, le Luxembourg, l'Allemagne et la Suisse.

国名の冠詞と前置詞				
母音で始まる国名	母音で始まらず，eで終わる国名	母音で始まらず，eで終わらない国名	複数形の国名	冠詞を必要としない国名
connaître, visiter, aimer（動詞＋直接目的補語）				
l'Espagne l'Iran l'Ouganda l'Allemagne	la France la Suisse la Turquie	le Japon le Canada le Brésil le Vietnam	les Philippines les États-Unis les Pays-Bas	Taiwan Cuba Singapour Hong Kong
	例外 le Mexique le Cambodge			
voyager, habiter, aller, travailler, déménager, étudier, vivre, partir, rester, rentrer				
en Espagne en Iran en Ouganda en Allemagne	en France en Suisse en Turquie	au Japon au Canada au Brésil au Vietnam	aux Philippines aux États-Unis aux Pays-Bas	à Taiwan à Cuba à Singapour à Hong Kong
		例外 au Mexique au Cambodge		

下線に適切な語を入れなさい.

Complétez.

1) Je suis allée souvent _____ Belgique et _____ Luxembourg.
2) Les Français aiment beaucoup _____ Espagne pour passer les vacances d'été.
3) J'ai des amis qui habitent _____ Argentine.
4) Après ses études, il est parti _____ États-Unis.
5) Ils ont habité _____ Chine pendant plus de 10 ans mais ils ont déménagé cette année _____ Singapour.
6) _____ Russie est un grand pays.
7) Il a fait ses études _____ Italie et il travaille maintenant _____ Suisse.
8) Je rêve de voyager _____ Suède ou _____ Norvège.
9) _____ Japon a perdu le match de foot contre _____ Ghana : 4 à 5.
10) Ils ont passé leur lune de miel _____ Uruguay.

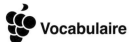
Vocabulaire

（　　）の中から適切な語を選び，必要なら形を変えて文を完成させなさい．
Choisissez le terme qui convient. Le cas échéant, faites les ajustements nécessaires.

1) Nous nous sommes rencontrés (par hasard / tout de même / cependant) au supermarché.
2) C'est très agréable de (déguster / se balader / mousser) au bord de la rivière Tama.
3) Un mariage, une naissance, un examen réussi, ce sont des (conflit / itinéraire / grande occasion) pour célébrer en famille et entre amis.
4) La production et la consommation de produits biologiques sont (tourmenté / en plein essor / réputé) car les consommateurs voudraient manger mieux.
5) Quand j'étais petite, j'aimais beaucoup que maman me (raconter / admirer / témoigner) des histoires pour m'endormir.

5 LA BOURGOGNE – FRANCHE-COMTÉ

　La région Bourgogne-Franche-Comté partage une frontière avec la Suisse. Dans sa partie Bourgogne, c'est une région de France particulièrement connue pour ses paysages de vignobles. Dans sa partie Franche-Comté, elle est plutôt marquée par les paysages montagneux des Vosges ou du Jura et une activité économique de type industrielle.

　Des produits de consommation courante de cette région, tels la moutarde de Dijon ou le fromage comté, se retrouvent chaque jour sur la table des Français et ont acquis une réputation internationale. Le président américain Barack Obama est un grand amateur de moutarde de Dijon, dit-on.

　Mais le nom «Bourgogne» évoque principalement ses vins prestigieux connus dans le monde entier et qui contribuent à sa richesse. L'histoire du vignoble de Bourgogne remonte à une époque très

1	partage 分ける
	paysages de vignobles ブドウ畑の風景
5	
	marquée par 〜で際立っている
	montagneux 山の多い
	les Vosges ヴォージュ山脈
	le Jura ジュラ山脈
	produits de consommation courante 日常的に消費される製品
10	Dijon ディジョン
	fromage comté コンテチーズ
	se retrouvent 見られる
	ont acquis 得た
	amateur de 〜好き
	dit-on 〜ということだ
15	
	prestigieux 名高い，一流の
	contribuent à 〜に貢献する
	remonte à 〜にさかのぼる

ancienne, plus de six siècles avant Jésus-Christ. On compte au moins 1400 vins différents et on commercialise environ 200 millions de bouteilles de vins de Bourgogne chaque année. Des itinéraires touristiques, telle la route des Grands Crus, ont été aménagés pour permettre de découvrir le vignoble de Bourgogne, les secrets de la vigne et de la fabrication du vin.

La ville de Beaune peut être considérée comme la capitale des vins de Bourgogne. Elle est aussi célèbre pour son architecture traditionnelle bourguignonne. Chaque année, en novembre, la très mondialement connue vente aux enchères des vins des Hospices de Beaune est organisée. L'argent recueilli est versé à la recherche médicale ou à des œuvres caritatives.

L'économie de la Franche-Comté est plutôt liée au dynamisme de ses industries ou de ses savoir-faire traditionnels comme, par exemple, les constructions automobiles Peugeot-Citroën à Sochaux, l'horlogerie à Besançon, les faïences à Nevers.

En Bourgogne-Franche-Comté, en plus des paysages de vignobles, on trouve également des sites naturels splendides aux noms parfois

---

avant Jésus-Christ 紀元前，BC
compte 数える
commercialise 商品化する

itinéraires touristiques 観光ルート
la route des Grands Crus グラン・クリュ（特級ワイン）街道
ont été aménagés 整備された
secrets 秘密
Beaune ボーヌ
considérée comme 〜と見なされている

bourguignonne ブルゴーニュの
vente aux enchères 競売，オークション
les Hospices de Beaune ボーヌ施療院
recueilli 集まった
est versé à 〜に寄付される
recherche médicale 医学研究
œuvres caritatives チャリティー，慈善事業
la Franche-Comté フランシュ＝コンテ地域
liée à 〜に関連している
savoir-faire ノーハウ，技術
constructions automobiles 自動車製造業
Peugeot-Citroën プジョー＝シトロエン
Sochaux ソショー
horlogerie 時計製造業
Besançon ブザンソン
faïences 陶器
Nevers ヌヴェール

évocateurs tels le ballon d'Alsace (son sommet arrondi évoque la forme d'un ballon) ou le plateau des Mille Étangs (une zone où l'on peut trouver un grand nombre d'étangs de toutes tailles qui se sont formés il y a plus de 12 000 ans). Enfin, cette région est riche en monuments historiques de toutes époques. La ville de Belfort en est un exemple remarquable.

1 évocateurs 連想させる
sommet 山頂
arrondi 丸い
le plateau des Mille Étangs ミルエタン高地

5
monuments historiques 歴史的建造物
de toutes époques すべての時代の
Belfort ベルフォール
remarquable 注目すべき

Plateau des Mille Étangs
https://www.youtube.com/watch?v=begk_gXgNek

Faïences de Nevers
https://www.youtube.com/watch?v=R4e3UK4P6EU

À déguster

Les spécialités gastronomiques de Bourgogne sont nombreuses et souvent contiennent du vin comme ingrédient obligatoire. Les plus connues sont sans doute le bœuf bourguignon (ragoût de bœuf avec une sauce au vin de Bourgogne), le coq au vin et les escargots de Bourgogne.

10 contiennent 含む
ingrédient obligatoire 必須の要素
sans doute おそらく
bœuf bourguignon ブッフ・ブルギニョン（料理）
ragoût シチュー
coq au vin コッコヴァン（鶏の赤ワイン煮）（料理）
15 escargots エスカルゴ

Escargots de Bourgogne

Le kir est un des apéritifs préférés des Français. Il se compose de vin blanc de Bourgogne auquel on ajoute un peu de sirop ou liqueur de cassis. On le consomme toujours bien frais.

kir キール
apéritif アペリティフ，食前酒
se compose de ～で構成されている
sirop シロップ
liqueur de cassis カシスのリキュール

À voir
Les Hospices de Beaune
(Patrimoine mondial de l'humanité)

Construits au XVe siècle, les Hospices de Beaune étaient d'abord un lieu de charité et de soins pour accueillir les pauvres, les vieillards, les infirmes ou les orphelins. Ils sont devenus aujourd'hui un musée d'histoire de la médecine.

Les Hospices de Beaune sont un des plus beaux monuments historiques de France. Leur toiture couverte de tuiles plates vernissées aux motifs colorés est caractéristique de l'architecture bourguignonne.

hospices ホスピス，施療院
lieu de ～の場所
charité 慈善
soins 世話，看護，治療
accueillir 受け入れる
pauvres 貧しい人々
vieillards 老人
infirmes 身体障害者
orphelins 孤児
toiture 屋根
tuiles 瓦
plates 平らな
vernissées 釉薬(うわぐすり)のかかった
motifs 模様
caractéristique de ～で特徴的な

Hospices de Beaune

Hospices de Beaune
https://www.youtube.com/watch?v=eIk3dGUNhrw

La grande saline de Salins-les-Bains
(Patrimoine mondial de l'humanité)

Construite au XVIIIe siècle, la saline de Salins-les-Bains produisait «l'or blanc» (le sel) par utilisation des sources d'eau salée de la région. Différentes techniques étaient employées pour forer des puits et ensuite pomper l'eau des nappes souterraines. Cette eau était ensuite chauffée (au bois ou au charbon) pour obtenir le sel par évaporation.

1	saline 塩田
	Salins-les-Bains サラン゠レ゠バン
	or 金
5	sources d'eau salée 塩分を含んだ水源
	forer 掘る
	pomper ポンプで汲む
	nappes souterraines 地下層
	était chauffée 加熱された
10	par évaporation 蒸発によって

Saline de Salins-les-Bains
https://www.youtube.com/watch?v=7_0Ct1Uazc4

Compréhension

1) La Bourgogne – Franche-Comté a une frontière avec quel pays ?
2) Quel est le produit principal associé à cette région et qui contribue à sa renommée internationale ?
3) Environ combien de bouteilles de vins de Bourgogne sont vendues chaque année ?
4) La vente aux enchères des Hospices de Beaune, qu'est-ce que c'est ? Que fait-on de l'argent qui est recueilli ?
5) Pouvez-vous expliquer le nom de cette montagne : le ballon d'Alsace ?

Grammaire

Le plateau des Mille Étangs est une <u>zone</u> **où** l'on peut trouver un grand nombre d'étangs de toutes tailles.

関係代名詞 où		
先行詞	où	主語＋動詞（先行詞は場所を表す）
Le plateau des Mille Étangs est **une zone**	où	**l'on peut trouver** un grand nombre d'étangs de toutes tailles.

2つの文を où でつないで，1つの文をつくりなさい．
Faites une seule phrase en reliant les deux phrases d'origine avec où

1) Je connais un restaurant. On peut manger du couscous dans ce restaurant.
2) Elle cherche un petit hôtel. Elle pourrait passer ses vacances dans ce petit hôtel.
3) Je vais te montrer un lycée. J'ai fait mes études dans ce lycée.
4) À Domrémy, on a visité une maison. Jeanne d'Arc est née dans cette maison.
5) J'ai mis des fleurs sur la tombe. Il est enterré dans cette tombe.

Vocabulaire

（　）の中から適切な語を選び，必要なら形を変えて文を完成させなさい．
Choisissez le terme qui convient. Le cas échéant, faites les ajustements nécessaires.

1) Les Restos du Cœur, c'est une (association caritative / vente aux enchères / horlogerie) qui distribue des repas aux sans-abris dans toute la France.
2) On ne sait pas quel âge elle a. Quand on lui demande, elle dit que c'est un (cru / savoir-faire / secret).
3) En fait, le mot «copain» désignait autrefois une personne avec qui on (partager / contribuer à / acquérir) son pain.
4) Sur Facebook, on trouve toutes sortes de vidéos (insolite / vernissé / arrondi) et parfois même bizarres.
5) Ils ont (aménager / considérer / recueillir) leur garage en cuisine d'été.

6 L'AUVERGNE – RHÔNE-ALPES

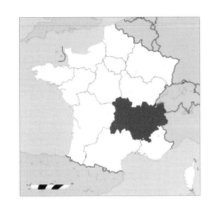

Géographiquement, dans cette région, on peut distinguer trois parties aux paysages bien différents : à l'ouest, l'Auvergne ; au centre, la vallée du Rhône ; à l'est, les Alpes. Elle est frontalière avec la Suisse et l'Italie.

L'Auvergne se trouve dans le Massif Central, une zone de volcans éteints qui ont conservé leurs formes caractéristiques et portent souvent le nom de *puy*. La chaine des Puys est un itinéraire touristique qui permet de parcourir 40 kilomètres dans un parc volcanique naturel exceptionnel. En Auvergne, on trouve également de nombreux châteaux de tous genres et de toutes époques (châteaux forts, palais résidentiels) qui témoignent de l'histoire de cette région. Clermont-Ferrand est la ville principale d'Auvergne, là où sont fabriqués les pneus Michelin.

L'Auvergne est également réputée pour ses eaux

1	géographiquement 地理的に
	distinguer 区別する
5	
	le Massif Central 中央高地
	volcans éteints 死火山
	caractéristiques 特徴的な
	la chaine des Puys ラ・シェーヌ・デ・ピュイ山脈
10	parcourir 踏破する
	de tous genres すべての様式の
	châteaux-forts 城塞
	palais 宮殿
15	témoignent de ～を物語る
	Clermont-Ferrand クレルモン゠フェラン
	sont fabriqués 作られている
	pneus タイヤ
	Michelin ミシュラン

minérales (Vichy, Volvic) et ses stations thermales. Le thermalisme français diffère du thermalisme japonais. En effet, les Français se rendent dans une station thermale pour y «faire une cure». Il s'agit d'un traitement médical, en général de trois semaines, prescrit par un médecin, pour traiter des problèmes tels que l'asthme, l'eczéma, les calculs rénaux, les brûlures, ou pour des soins particuliers.

La vallée du Rhône, là où coule le Rhône en direction de la Méditerranée, est une zone où l'économie est très dynamique dans de nombreux domaines : la pétrochimie et l'industrie pharmaceutique à Lyon ; les technologies de pointe à Grenoble ; le charbon et l'acier à Saint-Étienne. Lyon, 3e ville de France, est aussi renommée comme la «capitale mondiale de la gastronomie». Paul Bocuse, le plus connu des chefs lyonnais, a contribué à lui donner cette réputation. Enfin, la vallée du Rhône est aussi célèbre pour son vignoble : le Beaujolais et les Côtes-du-Rhône sont deux vins appréciés dans le monde entier.

Les Alpes avec des sommets de plus de 4000 mètres, dont le plus haut d'Europe, le mont Blanc (4807 mètres), accueillent de nombreux visiteurs

---

stations thermales 温泉, スパ
thermalisme 温泉療法
diffère 異なる
se rendent 行く
faire une cure 湯治療法を受ける
il s'agit de 〜である

prescrit 処方された
asthme 喘息
eczéma 湿疹
calcul rénaux 腎臓結石
brûlures 火傷
soins 治療
vallée 谷
Rhône ローヌ川
coule 流れている
domaines 分野
pétrochimie 石油化学工業
industrie pharmaceutique 製薬業
Lyon リヨン
technologies de pointe ハイテク産業
Grenoble グルノーブル
charbon 石炭
acier 鋼鉄
Saint-Étienne サンテティエンヌ
en tous genres あらゆる種類の
renommée 名高い
gastronomie 美食
Paul Bocuse ポール・ボキューズ
a contribué à 〜に貢献した
vignoble ブドウ畑
Beaujolais ボジョレ
Côtes-du-Rhône コート・デュ・ローヌ
sommets 山頂
dont(関係代名詞 p.88 Grammaire 参照)
le mont Blanc モンブラン
visiteurs 観光客

en toutes saisons. On y vient principalement pour les sports d'hiver et l'alpinisme, à Chamonix ou à Annecy, entre autres. Les Jeux Olympiques d'hiver se sont déroulés à Grenoble (1968) et Albertville (1992). Mais en plus des sports de montagnes, on pourra pratiquer dans les Alpes la randonnée, le VTT, le parapente, le canoë, et même le golf.

Enfin, dans le sud de la région, on remarquera la ville de Montélimar qui produit chaque année 4500 tonnes de … nougat.

1	sports d'hiver ウィンタースポーツ
	alpinisme 登山
	Chamonix シャモニー
	Annecy アヌシー
	entre autres とりわけ
	se sont déroulés 展開された
5	Grenoble グルノーブル
	Albertville アルベールビル
	randonnée ハイキング, トレッキング
	VTT（vélo tout-terrain）マウンテンバイク
	parapente パラグライディング
	canoë カヌー．発音は［カノエ］
	et même （強調して）そして
	Montélimar モンテリマール
10	nougat ヌガー

Paysages d'Auvergne
https://www.youtube.com/watch?v=42OuHryFTUs

Mont Blanc
https://www.youtube.com/watch?v=ckR7gfYksps

À déguster

En Auvergne – Rhône-Alpes, les spécialités culinaires sont nombreuses. La potée auvergnate est un plat complet qui contient du chou, des pommes de terre, diverses viandes de porc et des saucisses.

Il est impossible d'énumérer toutes les

	potée auvergnate オーヴェルニュ風鍋（料理）
	plat complet すべてそろったひと皿
	chou キャベツ
15	diverses さまざまな
	saucisses（火を通して食べる）ソーセージ
	énumérer 列挙する

spécialités lyonnaises mais on peut dire que les charcuteries de Lyon sont particulièrement excellentes (saucissons, boudin, andouillettes, …).

Enfin, de passage dans les Alpes, on choisira de manger une fondue ou une *raclette*.

Fondue   Raclette

À voir
Le site historique de Lyon
(Patrimoine mondial de l'humanité)

Lyon est une ville très ancienne qui a été fondée au Ier siècle avant J.-C.. Le cœur historique de Lyon (la colline de Fourvière, le Vieux-Lyon, la Presqu'île, les pentes de la Croix-Rousse, le centre ville) comprend de nombreux bâtiments de toutes époques, construits sur plus de 2000 ans d'histoire. Ils témoignent du rôle majeur que Lyon a joué dans le développement politique, culturel et économique de l'Europe.

Lyon

Lyon
https://www.youtube.com/watch?v=SpEw1edHUJA

 Compréhension

1) Quel est le paysage typique de l'Auvergne ?
2) Qu'est-ce que Michelin fabrique à Clermont-Ferrand ?
3) Lyon est mondialement connue comme la capitale de quoi ?
4) Comment s'appelle le sommet le plus haut d'Europe et qui se trouve dans les Alpes françaises ? Est-il plus haut que le mont Fuji ?
5) Une station thermale, qu'est-ce que c'est ? Quelle est la différence entre une station thermale française et une station thermale japonaise ?

Grammaire

En Auvergne, on trouve des châteaux de **tous** genres et de **toutes** époques.
Les Alpes accueillent de nombreux visiteurs en **toutes** saisons.

形容詞 tout, tous, toute, toutes
tout ＋男性単数名詞
toute ＋女性単数名詞
tous ＋男性複数名詞
toutes ＋女性複数名詞

下線部に tout, toute, tous, toutes のいずれかを入れ，文を完成させなさい．
Complétez avec tout, toute, tous, toutes.

1) Sylvia a mangé ＿＿＿＿＿＿＿＿ les brioches.
2) Elle va au centre de sport ＿＿＿＿＿＿＿＿ les jeudis.
3) À la fin du concert, ＿＿＿＿＿＿＿＿ le monde s'est levé et a applaudi très fort.
4) ＿＿＿＿＿＿＿＿ mes amies sont mariées.
5) J'ai cherché dans ＿＿＿＿＿＿＿＿ la maison, mais je n'ai pas trouvé.
6) Il joue beaucoup au *Pokémon Go* mais il n'a pas encore attrapé ＿＿＿＿＿＿＿＿ les *Pokémons*.
7) J'ai terminé ＿＿＿＿＿＿＿＿ les exercices sans problème.
8) Au moment du tremblement de terre, ＿＿＿＿＿＿＿＿ les livres sont tombés de la bibliothèque.
9) Il a travaillé ＿＿＿＿＿＿＿＿ sa vie mais finalement il est mort dans la misère.
10) Ils ont dépensé ＿＿＿＿＿＿＿＿ leur argent au casino.

Vocabulaire

（　） の中から適切な語を選び，必要なら形を変えて文を完成させなさい．
Choisissez le terme qui convient. Le cas échéant, faites les ajustements nécessaires.

1) Un bon esprit d'équipe a (contribué / fabriqué / distingué) au succès de leurs projets.
2) La cuisine de Paul Bocuse est (renommé / fabriqué / fondé) dans le monde entier.
3) Après le séisme, l'empereur (parcourir / distinguer / se rendre) dans les zones sinistrées pour réconforter les populations.
4) Je ne suis jamais montée au (sommet / lac / volcan) du mont Fuji.
5) La réunion de samedi dernier (se dérouler / se rendre / contribuer) sans problèmes.

7 PACA
(PROVENCE-ALPES-CÔTE D'AZUR) et la CORSE

La région PACA est frontalière avec l'Italie. Bordée par la mer Méditerranée au sud sur environ 700 kilomètres et par les Alpes au nord-est, ses paysages sont contrastés. Il y fait particulièrement doux sur la côte et dans son arrière pays, ce qui attire les touristes tout au long de l'année.

On trouve en Provence des produits que l'on ne cultive nulle part ailleurs en France. La terre et le climat sont particulièrement adaptés aux olives et aux agrumes. Les citrons de Menton ont une renommée internationale. La Provence est également mondialement connue pour la culture des fleurs, principalement des fleurs à parfum. Les parfumeries de Grasse, dont Fragonard, la plus connue, ont marqué l'histoire du parfum à travers les siècles. Enfin, la Camargue, zone marécageuse où le Rhône se jette dans la mer, est la seule région

1　PACA (Provence Alpes Côte d'Azur) [パカ] と発音.
　frontalière avec ～と国境を接する
　bordée par ～に沿った
　la Mer Méditerranée 地中海
　contrastés 対照的な
　arrière pays 後背地
5　tout au long de l'année 年間を通じて
　la Provence プロヴァンス
　cultive 栽培する
　nulle part ailleurs 他のどこにも（…ない）
　adaptés à ～に適した
　agrumes 柑橘類
10　Menton マントン
　renommée internationale 国際的な名声
　fleurs à parfums 香水用の花
　parfumeries 香水工場
　Grasse グラース
　dont 関係代名詞(p.88 Grammaire 参照)
15　Fragonard フラゴナール
　à travers les siècles 何世紀にもわたって
　la Camargue カマルグ地方
　marécageuse 湿地の
　se jette dans ～に流れ込む

de France où l'on peut produire du riz. La Camargue est également un parc naturel protégé qui abrite de nombreuses espèces animales et végétales tels les célèbres flamands roses ou les chevaux blancs.

En PACA, la beauté des villes anciennes (Arles, Avignon ou Aix) et des villages, les vestiges historiques, les couleurs et les paysages insolites, enchantent les visiteurs. Cézanne, Van Gogh, Picasso, Matisse, entre autres, y ont trouvé une source d'inspiration pour de célèbres tableaux. Chagall a vécu dix-neuf années à Saint-Paul-de-Vence, petite ville de l'arrière pays niçois, où il est enterré.

Entre la frontière italienne et Hyères, la côte est dite «d'azur» en raison du bleu de la mer Méditerranée. Nice et son carnaval, Cannes et son festival du cinéma, Antibes et son musée Picasso, sont les stations balnéaires les plus connues. Le tourisme est donc un secteur important de l'économie en PACA. Après Paris, la Provence est la région de France la plus visitée par les touristes étrangers.

À l'ouest, on trouve Marseille, 2e ville de France, grand port de commerce et de passage.

---

protégé 保護された
abrite 守る
espèces animales et végétales 動植物の種
flamands roses フラミンゴ
chevaux blancs 白馬
Arles アルル
Avignon アヴィニョン
Aix エクス
vestiges 遺跡
insolites 珍しい
enchantent 魅了する
Cézanne セザンヌ
Van Gogh ゴッホ．［ヴァン　ゴッグ］と発音．
Picasso ピカソ
Matisse マティス
entre autres とりわけ
source d'inspiration 発想の源
Chagall シャガール
Saint-Paul-de-Vence サン＝ポール＝ド＝ヴァンス
arrière pays niçois ニースの後背地
enterré 埋葬されている
Hyères イエール
est dite 言われている
«d'azur» ［ダズュール］と発音．
en raison de ～の理由で
Nice ニース
carnaval カーニバル
Cannes カンヌ
festival du cinéma 映画祭
Antibes アンティーブ
stations balnéaires シーサイドリゾート，海水浴場
secteur 部門
Marseille マルセイユ
port de commerce 貿易港

Marseille est associée à de nombreux éléments de la culture française : notre hymne national, la Marseillaise ; la pétanque (jeu de boules) ; le pastis (apéritif anisé) ; le savon de Marseille. Et puis bien sûr, Marseille évoque nécessairement l'accent chaleureux et le vocabulaire coloré du français parlé dans toute la région. Les Marseillais ont, de plus, la réputation de conteurs pleins d'humour mais qui ont parfois tendance à amplifier les récits. Certains vous taquineront, par exemple, avec cette histoire d'une sardine si grosse qu'elle aurait bouché l'entrée du port …

1	associée à 〜と結びついている
	hymne national 国歌
	pétanque ペタンク
	pastis パスティス
	apéritif 食前酒
5	anisé アニス入り
	accent 訛り
	réputation 評判
	conteurs ストーリーテラー, 語り手
	ont tendance à 傾向がある
	amplifier 誇張する
10	taquineront からかう
	sardine 鰯(いわし)
	aurait bouché ふさいだらしい(条件法 p.57 Grammaire 参照)

Camargue
https://www.youtube.com/watch?v=0GYODuNhGZk

Pétanque
https://www.youtube.com/watch?v=2AovfN7pexI

Pastis
https://www.youtube.com/watch?v=4alNnlkWyzo

LA CORSE

Comme une montagne surgie de la mer avec des sommets de plus de 2000 mètres d'altitude, la Corse est surnommée «l'île de Beauté». Il est vrai que ses paysages sont d'une beauté exceptionnelle.

L'économie de la Corse a longtemps été dominée par l'agriculture (olives, agrumes, vigne), l'élevage

	surgie 出現した
15	sommets 山頂
	… mètres d'altitude 高さ…メートル
	surnommée 〜と呼ばれている
	«l'île de Beauté» 「美の島」
	a été dominée par 〜によって占められていた
	élevage 牧畜

(moutons, chèvres) et la pêche. Aujourd'hui, le commerce et le tourisme sont ses principales ressources. Bastia, Ajaccio et Calvi sont les trois villes principales.

Rattachée à la France depuis seulement 1769, la Corse conserve un esprit d'indépendance très marqué. La langue corse est encore largement utilisée par les populations.

Enfin, la Corse est connue comme le lieu de naissance de Napoléon Bonaparte.

pêche 漁業

ressources 資源
Bastia バスティア
Ajaccio アジャクシオ
Calvi カルヴィ
rattachée à 〜に併合された
conserve 保持する
esprit d'indépendance 独立精神

lieu de naissance 生誕地
Napoléon Bonaparte ナポレオン・ボナパルト

À déguster

La cuisine provençale évoque des plats colorés, cuisinés avec des produits bien typiques du Sud : tomates, aubergines, poivrons, olives, et bien sûr, les célèbres herbes de Provence.

La salade niçoise et la ratatouille en sont des exemples. Mais il faudra absolument essayer la *bouillabaisse* de Marseille, soupe de (nombreux) poissons que l'on doit préparer, dit-on, en se levant tôt le matin. Les *calissons* d'Aix-en-Provence, friandises à base de melon confit et d'amandes broyés ensemble, sont également délicieux.

évoque 思い起こさせる
colorés カラフルな
typiques 典型的な
aubergines ナス
poivrons ピーマン
herbes de Provence プロヴァンスハーブ

bouillabaisse ブイヤベース(料理)
dit-on と言われている
calissons カリソン(菓子)
Aix-en-Provence エクサン＝プロヴァンス
friandises お菓子
à base de 〜をベースとした
confit 砂糖漬けの
amandes アーモンド
broyés 砕いた

Bouillabaisse

Calissons d'Aix

Pastis

À voir
Avignon : Le palais des Papes et le pont
(Patrimoine mondial de l'humanité)

Au Moyen Âge, Avignon était la capitale de la chrétienté. Le Palais des papes d'Avignon témoigne de ce moment de l'histoire où il était alors la résidence des souverains pontifes. Il est le plus grand palais d'art gothique du monde. À l'intérieur, on pourra visiter des salles d'apparat, des cloitres ou encore les appartements du pape décorés de fresques inestimables.

Le pont d'Avignon (de son vrai nom le pont Saint-Bénézet) est célèbre mondialement grâce à sa comptine : «Sur le pont d'Avignon, on y danse tous en rond ….». Si la chanson du pont est célèbre, son histoire reste encore mystérieuse. Il aurait été construit au XIIe siècle par un jeune berger sur un ordre céleste. Cependant, sur les 22 arches d'origine, il n'en reste que quatre.

Avignon アヴィニョン
le Palais des papes 法王庁宮殿

chrétienté キリスト教国
témoigne de ～を立証する

résidence 住居
souverains pontifes 教皇
art gothique ゴシック芸術
salles d'apparat 豪華な式場
cloitres 回廊

fresques フレスコ画
inestimables 計り知れない価値のある
le pont d'Avignon アヴィニョン橋
le Pont Saint-Bénézet サン=ベネゼ橋
comptine 童謡

berger 羊飼い

ordre céleste 天からの命
arches アーチ

Pont d'Avignon

Palais des Papes

1 **Golfe de Porto : Calanche de Piana, golfe de Girolata, réserve de Scandola**
(Patrimoine mondial de l'humanité)

C'est un site d'une beauté exceptionnelle où la
5 végétation est remarquable. On y trouve également des goélands, des cormorans et des aigles de mer. Ses eaux transparentes abritent une vie marine riche.

Golfe de Porto ポルト湾
Calanche de Piana ピアナのカランケ
Golfe de Girolata ジロラータ湾
réserve de Scandola スカンドラ自然保護区
végétation 植物群落
goélands 鴎
cormorans 鵜
aigles de mer 海鷲

Calanches de Piana

Calanques de Piana
https://www.youtube.com/watch?v=D0Io0eQ0trM

Compréhension

1) Citez des produits de PACA qu'on ne cultive nulle part ailleurs en France.
2) Quels peintres célèbres ont trouvé leur inspiration en Provence ?
3) Le festival de Cannes, qu'est-ce que c'est ?
4) Comment s'appelle l'hymne national français ?
5) Quel personnage historique très connu est né en Corse ?

Grammaire

- Une très grosse sardine **aurait bouché** l'entrée du port de Marseille.
- Le Pont d'Avignon **aurait été construit** par un jeune berger sur ordre céleste.
- Dom Pérignon **aurait trouvé** par hasard une méthode pour faire mousser le vin de Champagne.

不確かなニュースや出来事を表す条件法：真実かどうかは確認できない．ニュース等でしばしば使われる．3人称単数または複数で使われることが多い．

条件法現在の活用：不定詞のrまで + -ais -ais -ait -ions -iez -aient				条件法過去の活用： - **être** の条件法現在 + 過去分詞 または - **avoir** の条件法現在 + 過去分詞
規則的		不規則		
manger	je **manger**ais	être	je **ser**ais	j'aurais fait
travailler	tu **travailler**ais	avoir	tu **aur**ais	tu serais allé(e)
écouter	il **écouter**ait	aller	il **ir**ait	il aurait continué
parler	elle **parler**ait	faire	elle **fer**ait	elle aurait pris
finir	on **finir**ait	venir	on **viendr**ait	on aurait pu
partir	nous **partir**ions	voir	nous **verr**ions	nous aurions fini
prendre	vous **prendr**iez	pouvoir	vous **pourr**iez	vous seriez resté(e)(s)
dire	ils **dir**aient	vouloir	ils **voudr**aient	ils auraient attendu
attendre	Elles **attendr**aient	devoir	elles **devr**aient	elles seraient rentrées
		savoir	elles **saur**aient	

いくつかのニュースです．未確認情報なので，下線部を不確かなことを表す条件法を使って書き換えなさい．

Voici quelques informations. Transformez-les en utilisant le conditionnel pour indiquer que ce sont des informations ou des faits incertains, qui n'ont pas encore été vérifiés.

1) Un incendie s'est déclaré dans un grand magasin à Shinjuku. Il y a de nombreuses victimes.
2) Il fera très chaud demain encore dans tout le Japon. La température peut monter jusqu'à 37 degrés.
3) Un ministre est interrogé par la police. Il a reçu une grosse somme d'argent pour favoriser une entreprise dans un projet de construction.
4) On ne connait pas encore les causes de l'accident. Le conducteur a freiné brutalement à cause d'un chien qui traversait la route.
5) C'est un bâtiment très ancien. Il a été construit il y a plus de mille ans.

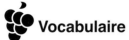 **Vocabulaire**

（　）の中から適切な語を選び，必要なら形を変えて文を完成させなさい．
Choisissez le terme qui convient. Le cas échéant, faites les ajustements nécessaires.

1) Dans le Sud de la France, et particulièrement à Marseille, les habitants parlent avec un (accent / agrume / apéritif) très fort. C'est parfois difficile de les comprendre.
2) J'ai été (protégé / enchanté / adapté) par le spectacle du feu d'artifice de la rivière Sumida. C'était magnifique.
3) Aujourd'hui, Van Gogh est reconnu comme un peintre exceptionnel. Mais de son vivant, il n'a vendu qu'un seul (savon / carnaval / tableau).
4) «Kimigayo», c'est le (festival / hymne / palais) national japonais.
5) Prendre un (apéritif / riz / poivron) avant le repas, c'est une coutume bien française.

8 L'OCCITANIE
(LANGUEDOC-ROUSSILLON – MIDI-PYRÉNÉES)

Les paysages de l'Occitanie sont variés et contrastés. Elle est bordée par la mer Méditerranée à l'est, les pentes du Massif Central au nord, les hauts sommets des Pyrénées au sud et une frontière avec l'Espagne. En raison de sa situation, elle a été, à travers les époques, un passage entre le Nord et le Sud de l'Europe.

L'économie de l'Occitanie repose sur des secteurs variés qui sont principalement :

- son agriculture, qui est pratiquée généralement sur des petites fermes et garantit une meilleure qualité des produits.

- son vignoble qui donne des vins de grande renommée comme l'armagnac.

- son industrie aéronautique et spatiale avec le quartier général d'Airbus à Toulouse où l'avion supersonique «Concorde» a été construit.

L'Occitanie est une région moderne mais fière

1	variés 多様な
	contrastés 対照的な
	bordée par ～に沿った
	pentes 斜面
	les Pyrénées ピレネー山脈
5	en raison de ～の理由で
	à travers les époques 各時代を通じて
	passage 通路
	repose sur ～に基づいている
10	
	fermes 農場
	garantit 保証する
	qualité 品質
	de grande renommée 名高い
	armagnac アルマニャック
	industrie aéronautique et spatiale 航空宇宙産業
15	quartier général 拠点
	Toulouse トゥールーズ
	avion supersonique 超音速旅客機
	Concorde コンコルド
	fière de ～を誇りにしている

du maintien de ses traditions. On les retrouve sur les nombreux marchés ou foires agricoles qui donnent lieu à des célébrations chaleureuses et joyeuses. De nos jours, les bergers empruntent toujours les mêmes chemins pour mener leurs moutons aux pâtures. Des savoir-faire ancestraux restent pratiqués, telle la fabrication des couteaux Laguiole dans les forges de l'Aveyron.

En voyage dans cette région, on aura parfois l'impression de remonter le temps et de faire une expédition dans l'histoire. En effet, il y a un grand choix de sites à explorer. Rocamadour et ses grottes préhistoriques, par exemple, attirent presque autant de visiteurs que le Mont-Saint-Michel. De nombreux vestiges rappellent les événements, souvent tragiques, qui ont eu lieu dans ses villes ou dans ses campagnes. Carcassonne et Albi, qui ont connu des batailles sanglantes au Moyen Âge, sont riches de monuments qui en témoignent. Et puis, l'Occitanie est aussi une région de pèlerinages. Les chemins de Compostelle, qui passent par Toulouse et Conques, sont empruntés depuis des siècles par les pèlerins en route vers Saint-Jacques en Espagne. Un autre pèlerinage mondialement connu est celui de Lourdes, dans les Pyrénées, où

---

maintien 保持
foires agricoles 農産物品評会
donnent lieu à ～の場となる
chaleureuses 温かい
joyeuses 楽しい
de nos jours 今日では
bergers 羊飼い
empruntent 通る
mener 連れて行く
pâtures 牧草地
savoir-faire ノーハウ，技術
ancestraux 先祖伝来の
couteaux Laguiole ラギオールナイフ
forges 鍛冶場
l'Aveyron アヴェロン
aura l'impression ～のような気がするでしょう
remonter le temps 時間を遡っている
faire une expédition 探検する
sites 景勝地，名勝
explorer 探検する
Rocamadour ロカマドゥール
grottes 洞窟
préhistoriques 先史時代の
vestiges 遺跡
rappellent 思い出させる
événements できごと，事件
tragiques 悲劇的な
ont eu lieu 起こった
Carcassonne カルカソンヌ
Albi アルビ
batailles sanglantes 血なまぐさい戦い
pèlerinages 巡礼
les chemins de Compostelle コンポステーラの巡礼路
Conques コンク
empruntés 使われている

la Vierge Marie serait apparue à une jeune fille nommée Bernadette Soubirous en 1858.

L'Occitanie est le berceau de l'occitan ou langue d'oc, une langue romane qui est encore utilisée dans la région. L'occitan est la langue régionale la plus parlée en France. Elle est associée aux troubadours, poètes et musiciens du Moyen Âge, qui ont laissé un grand nombre d'œuvres témoignant de la vie sociale, politique et religieuse de cette époque. Enfin, l'Occitanie est le pays du rugby avec de nombreux clubs réputés. On affirme dans cette région que le rugby n'est pas anglais mais occitan !!

1	depuis des siècles 何世紀も前から
	pèlerins 巡礼者
	Saint-Jacques サン゠ジャック．スペイン語ではサンティアゴ．
	Espagne スペイン
	Lourdes ルルド
5	Vierge Marie 聖母マリア
	serait apparue 出現したと言われる
	Bernadette Soubirous ベルナデット・スビル
	berceau 発祥地
	occitan オック語
	d'oc オックの
	langue romane ロマンス語
	langue régionale 地域の言語
10	associée à ～と結び付いている
	troubadours 吟遊詩人，トルバドゥール
	poètes 詩人
	réputés 名高い
	affirmer 断言する

Couteaux Laguiole
https://www.youtube.com/watch?v=qHdxfG0yYDE

Rocamadour
https://www.youtube.com/watch?v=-HDXn16rvvs

Lourdes
https://www.youtube.com/watch?v=XY61fl84kaA

À déguster

En Occitanie, les menus sont pleins de produits de renommée internationale. Le foie gras et les truffes viennent en tête de liste.

Parmi les plats, on goûtera le cassoulet de

15	
	truffes トリュフ
	en tête de liste リストの先頭に
	cassoulet カスレ（料理）

1 Toulouse, la *garbure* (soupe aux choux et confit d'oie). Comme dessert, on choisira le gâteau à la broche.

garbure ガルビュール（料理）
confit d'oie ガチョウのコンフィ
gâtcau à la broche ガトー・ア・ラ・ブロッシュ（菓子）

Cassoulet

À voir

5 **Le pont du Gard**

(Patrimoine mondial de l'humanité)

Construit vers l'an 50 après J.-C., le pont du Gard est un élément de l'aqueduc de Nîmes qui a alimenté la ville en eau pendant plus de 5 siècles.

10 Il est un témoignage du génie des constructeurs romains. Haut de 48 mètres, il enjambe la rivière Gardon sur une longueur de 275 mètres.

Le pont du Gard ポン・デュ・ガール

après J.-C. 紀元，AD
aqueduc 水道橋
Nîmes ニーム
a alimenté（水を）供給した
témoignage 証拠
génie 天賦の才
constructeur 建設者
enjambe 架かる
la rivière Gardon ガルドン川

Pont du Gard

Le pont du Gard
https://www.youtube.com/watch?v=F1WrkGfOYJ8

Carcassonne
(Patrimoine mondial de l'humanité)

La ville historique de Carcassonne est un exemple de cité médiévale fortifiée. Son système défensif a été construit sur des remparts datant de la fin de l'Antiquité. Les fortifications entourent le château, les rues et la cathédrale gothique. C'est un ensemble tout à fait remarquable.

Carcassonne カルカソンヌ
cité médiévale fortifiée 中世城塞都市
système défensif 防衛システム
remparts 城壁
datant de ～にさかのぼる
l'Antiquité 古代
fortifications 要塞
entourent 囲む
cathédrale gothique ゴシック様式の大聖堂

Carcassonne

Carcassonne
https://www.youtube.com/watch?v=QsIDNYXagHE

Compréhension

1) L'Occitanie a une frontière avec quel pays ?
2) Quels sont les 3 secteurs principaux de son économie ?
3) Quelle est l'origine du pèlerinage de Lourdes ?
4) L'occitan, qu'est-ce que c'est ?
5) Quel est le sport très pratiqué en Occitanie ?

Grammaire

En voyage en Occitanie, on aura parfois l'impression de remonter le temps.

直説法単純未来：単純未来は次の構文で使われる．
- **Si** + 直説法現在（未来を示す場合も現在形にすることに注意），直説法単純未来
- **Quand / dès que / aussitôt que / lorsque** + 直説法単純未来（未来形にすることに注意），直説法単純未来

<table>
<tr><th colspan="4">単純未来形の活用：
不定詞 r まで + -ai -as -a -ons -ez -ont</th></tr>
<tr><th colspan="2">規則的</th><th colspan="2">不規則的</th></tr>
<tr><td>entrer</td><td>j'**entrer**ai</td><td>être</td><td>je **ser**ai</td></tr>
<tr><td>bavarder</td><td>tu **bavarder**as</td><td>avoir</td><td>tu **aur**as</td></tr>
<tr><td>travailler</td><td>il **travailler**a</td><td>aller</td><td>il **ir**a</td></tr>
<tr><td>marcher</td><td>elle **marcher**a</td><td>faire</td><td>elle **fer**a</td></tr>
<tr><td>choisir</td><td>on **choisir**a</td><td>venir</td><td>on **viendr**a</td></tr>
<tr><td>écrire</td><td>nous **écrir**ons</td><td>voir</td><td>nous **verr**ons</td></tr>
<tr><td>prendre</td><td>vous **prendr**ez</td><td>pouvoir</td><td>vous **pourr**ez</td></tr>
<tr><td>lire</td><td>ils **lir**ont</td><td>vouloir</td><td>ils **voudr**ont</td></tr>
<tr><td>attendre</td><td>elles **attendr**ont</td><td>devoir</td><td>elles **devr**ont</td></tr>
<tr><td></td><td></td><td>savoir</td><td>elles **saur**ont</td></tr>
</table>

上に示された構文に従って，（　）内の動詞を現在形または未来形にしなさい．
Mettez les verbes au présent ou au futur, selon les formules indiquées si dessus.

1) Quand je (aller) à Paris, je (passer) chez toi, c'est promis.
2) Si tu (avoir) le temps, tu ne (oublier) pas d'arroser les fleurs dans le jardin.
3) Si mon fils (réussir) son bac, je lui (offrir) un vélo.
4) Quand vous (arriver) au carrefour, vous (voir) la gare juste en face de vous.
5) Nous (s'occuper) de ce problème dès que nous (pouvoir).
6) Si on (se tromper), on (devoir) recommencer tout depuis le début.
7) Elle (faire) un grand voyage en Europe quand elle (avoir) assez d'argent.
8) S'ils (prendre) le métro pour y aller, ils (mettre) moins de temps.
9) Je (se marier) seulement si je (rencontrer) le partenaire idéal.
10) Quand elle (revenir), elle (être) surprise des changements.

Vocabulaire

（　）の中から適切な語を選び，必要なら形を変えて文を完成させなさい．
Choisissez le terme qui convient. Le cas échéant, faites les ajustements nécessaires.

1) Ses parents sont (fier / varié / réputé) de lui. Il a bien réussi dans la vie.
2) J'ai (le savoir-faire / l'impression / la qualité) qu'il n'a pas compris ce que je lui ai dit.
3) Je préfère payer un peu plus cher pour des légumes de meilleure (qualité / événement / passage).
4) Dans ce restaurant, il y a une ambiance très (tragique / préhistorique / chaleureuse) : les serveurs sont sympathiques, le décor est simple, le patron vient toujours nous saluer.
5) Le (Concorde / Moyen Âge / Armagnac) est une époque de l'histoire très sombre.

9 LA NOUVELLE-AQUITAINE
(Aquitaine – Limousin – Poitou-Charentes)

1   Au nord, le Poitou-Charentes où le climat est l'un des plus doux de France. C'est une région principalement rurale connue partout en France pour son beurre et ses fromages de chèvre. Poitiers,
5   qui en est la ville principale, est surnommée «la ville aux cent clochers» car, en effet, on peut y admirer de nombreuses églises, principalement d'art roman. Mais Poitiers se tourne aussi vers le futur avec son Futuroscope, parc de loisirs à thème
10 scientifique et technologique. En Poitou-Charentes, on trouve des choses étonnantes comme le Marais poitevin, ou «la Venise verte» : environ 400 kilomètres de canaux navigables où l'on ne peut se déplacer qu'en barque à fond plat. Au bord de la
15 mer, La Rochelle, Rochefort et Royan sont des ports de plaisance qui attirent de nombreux visiteurs tout au long de l'année. Au large, les îles de Ré et d'Oléron sont populaires pour les

rurale 農村の
fromages de chèvre ヤギ乳チーズ
Poitiers ポワティエ
surnommée 呼ばれている
clochers （教会の）鐘楼
art roman ロマネスク美術
se tourne vers le futur 未来の方を向いている
le Futuroscope フチュロスコープ
parc de loisirs à thème テーマパーク
le Marais poitevin ポワトヴァン湿地
la Venise verte 緑のヴェネツィア
canaux navigables 航行可能運河
se déplacer 移動する
barque à fond plat 平底船
La Rochelle ラ・ロシェル
Rochefort ロシュフォール
Royan ロワイヤン
ports de plaisance マリーナ，ヨットハーバー
visiteurs 観光客
tout au long de l'année 年間を通じて
au large 沖合で
les îles de Ré et d'Oléron レ島とオレロン島

amoureux d'un environnement simple et marin. Notons enfin que l'on trouve une grande quantité de parcs à huitres sur toute la côte.

À l'est, on entre dans le Limousin qui présente l'image d'une région rurale paisible occupée par des champs et des pâturages. Un plateau du Limousin nommé «plateau des Millevaches» semble confirmer cette image. Dans ses trois villes principales, des savoir-faire ancestraux ont atteint une renommée mondiale : Limoges et ses porcelaines, Tulle et ses dentelles, Aubusson et ses tapisseries. Récemment, le Limousin entreprend de se développer dans le tourisme vert, les sports de plein air ou la randonnée, car ses espaces naturels y sont particulièrement adaptés.

Au centre, longeant la côte atlantique, l'Aquitaine avec Bordeaux, sa capitale. Bordeaux est «port de la Lune» car elle se trouve dans l'estuaire de la Garonne dont la forme évoque un croissant. C'est un des plus grands ports de France mais c'est aussi une ville remarquable pour la richesse de son patrimoine historique qui se retrouve dans toute son architecture.

L'Aquitaine et Bordeaux sont bien sûr associées au vignoble qui a plus de 2000 ans d'histoire. Qui

1 amoureux de 〜の愛好家
   parc à huitres 牡蠣の養殖場
   le Limousin リムーザン地域圏
   paisible 穏やかな
   pâturages 牧草地
   plateau 高原
5 nommé 〜という名の
   le plateau de Millevaches プラトー・ド・ミルヴァッシュ.「千頭の牛の高原」の意.
   savoir-faire ノーハウ, 技術
   ancestraux 先祖伝来の
   renommée mondiale 世界的な名声
   Limoges リモージュ
10 porcelaines 磁器
   Tulle チュール
   dentelles レース
   Aubusson オービュッソン
   tapisseries タペストリー
   entreprend 着手する
   se développer 発展する
   tourisme vert グリーンツーリズム
15 sports de plein air アウトドアスポーツ
   randonnée ハイキング, トレッキング
   adaptés à 〜に適している
   longeant 沿って
   l'Aquitaine アキテーヌ地域圏
   Bordeaux ボルドー
   port de la Lune 月の港
20 estuaire 河口
   la Garonne ガロンヌ川
   croissant 三日月
   patrimoine historique 歴史遺産
   se retrouve 見られる
   associés à 〜に結び付いている

25

ne connaît pas le fameux Saint-Émilion ou le célèbre Château Margaux, même s'il n'en a jamais bu ? On dit qu'aujourd'hui 23 bouteilles de vins de Bordeaux sont vendues dans le monde à chaque seconde !!

Au sud de Bordeaux, on trouve la plus grande forêt (artificielle) d'Europe : les Landes. Ce sont essentiellement des pins maritimes qui ont été plantés là au XIXe siècle pour fixer les dunes mobiles qui menaçaient les villages d'ensevelissement. En bordure de ce massif forestier, un monument naturel exceptionnel : la dune du Pilat. 4 000 ans d'histoire, 60 millions de m^3 de sable, 100 à 115 mètres de haut selon les années, la plus haute dune d'Europe, et … toujours en mouvement !

Au sud de la Nouvelle-Aquitaine, ce sont les Pyrénées-Atlantiques dont la ville principale est Pau. Comme son nom le suggère, on trouvera dans cette zone la mer et la montagne. Sur la côte, deux stations balnéaires très chics, Saint-Jean-de-Luz et Biarritz feront la joie des touristes fortunés et des amateurs de surf. Côté Pyrénées, c'est le Pays basque avec une économie principalement centrée sur l'élevage et l'agriculture. Le jambon de

---

Saint-Émilion サンテミリヨン（ボルドーワイン）
Château Margaux シャトー・マルゴー（ボルドーワイン）
même s'il n'en a jamais bu 一度もそれを飲んだことがなかったとしても
à chaque seconde 毎秒

artificielle 人工の
les Landes ランド（の森）
pins maritimes 海岸松
fixer 固定させる
dunes 砂丘
mobiles 変動する
menaçaient おそれがあった
ensevelissement 埋没
en bordure de 〜に沿って
massif forestier 大森林
monument naturel 天然記念物
la dune du Pilat ピラ砂丘
selon les années 年々
en mouvement 動いている
les Pyrénées-Atlantiques ピレネー・アトランティック県
Pau ポー
comme son nom le suggère その名が示唆するように
stations balnéaires シーサイドリゾート，海水浴場
Saint-Jean-de-Luz サン=ジャン=ド=リュズ
Biarritz ビアリッツ
feront la joie de 〜を喜こばせるだろう
fortunés 裕福な
amateur de 〜の愛好家
surf サーフィン
Côté Pyrénées ピレネー山脈側
le Pays basque バスク地方

Bayonne, Bayonne étant la ville principale du Pays basque, nous le rappelle.

Enfin, il faut citer un personnage très célèbre de l'histoire de France qui est né dans cette région et qui a inspiré des romans d'Alexandre Dumas : le célèbre mousquetaire d'Artagnan.

1	centrée sur 〜を中心とした
	élevage 牧畜
	Bayonne バイヨンヌ
	rappeler 思い出させる
	citer 名前を挙げる
	personnage 人物
5	a inspiré 創作意欲をかきたてた
	romans 小説
	Alexandre Dumas アレクサンドル・デュマ
	mousquetaire 銃士
	d'Artagnan ダルタニャン

Futuroscope
https://www.youtube.com/watch?v=Nb0UXjDewrg

Plateau de Millevaches
https://www.youtube.com/watch?v=FupmeICBLhY

Dune du Pilat
https://www.youtube.com/watch?v=dUgxwkxxorU

Pays basque
https://www.youtube.com/watch?v=W6lQsX9O_wU

À déguster

Très difficile de faire un choix parmi toutes les spécialités culinaires de cette grande région.

En Poitou-Charentes, on choisira des huitres de Marennes-Oléron. Pour le goûter ou le dessert, on aimera le tourteau fromager de Poitiers, un gâteau à base de fromage frais de chèvre qu'on a laissé volontairement brûler sur sa croûte pour lui conserver un intérieur moelleux au léger goût de fromage.

	le Poitou-Charentes ポワトゥー＝シャラント地域圏
	huitres 牡蠣
	Marennes-Oléron マレンヌ＝オレロン
10	goûter おやつ
	tourteau fromager トゥルトー・フロマージェ（チーズケーキ）
	fromage frais 生チーズ
	volontairement わざと
	a laissé brûler 焦がした
	croûte 皮
	conserver 保つ
15	intérieur 中身
	moelleux 柔らかい
	goût 味

Tourteau fromager

1   En Limousin, comme plat de résistance, on optera pour une tourte aux pommes de terre et comme dessert un clafoutis aux cerises qui est l'emblème de la cuisine dans cette région.

5   Dans la région de Bordeaux, de nombreux plats sont cuisinés «à la Bordelaise», c'est-à-dire accompagnés d'une sauce à base d'échalotes et de vin rouge de Bordeaux.

    Au Pays basque, on essaiera l'*axoa*, un émincé
10 de viande de bœuf ou de veau cuit avec des épices, des oignons et des piments. Notons le très célèbre «piment d'Espelette» qui se retrouve dans de nombreux plats de la cuisine basque.

plat de résistance メインディッシュ
optera pour 〜を選ぶだろう
tourte au pomme de terre トゥルト・オ・ポム・ド・テール(料理)
clafoutis クラフティ
emblème シンボル

échalotes エシャロット

axoa アショア(料理)
émincé 薄切り
épices 香辛料
piments 唐辛子

Espelette エスプレット

Axoa

Clafoutis de cerises

À voir
Le site préhistorique de la vallée de la Vézère et ses 25 grottes ornées
(Patrimoine mondial de l'humanité)

La plus connue, la grotte de Lascaux, a été découverte en 1940. Les parois des différentes salles sont recouvertes de peintures représentant des animaux, des scènes de chasse ou des épisodes mythologiques habilement composés. Toutes ces œuvres sont étonnantes par la précision de l'observation, la richesse des coloris, la maitrise des techniques utilisées. Elles témoignent qu'il y avait aussi de véritables artistes parmi les hommes préhistoriques.

Les archéologues estiment que ces œuvres ont été réalisées il y a environ 18 000 ans. La «salle des Taureaux» est la plus spectaculaire, avec des peintures qui mesurent jusqu'à 5 mètres de long. On remarque également à certains endroits des animaux énigmatiques ou des signes symboliques comme par exemple des points ou des lignes. La grotte de Lascaux reste pleine de mystères mais les chercheurs pensent qu'elle était peut-être un sanctuaire ou un endroit à caractère religieux.

site préhistorique	先史時代の名勝
la vallée de la Vézère	ヴェゼール渓谷
grottes	洞窟
ornées	装飾された
Lascaux	ラスコー
parois	内壁
recouvertes	覆われている
scènes de chasse	狩りのシーン
épisodes mythologiques	神話のエピソード
habilement	巧みに
composés	構成された
précision	正確さ
observation	観察
coloris	色合い
maitrise	熟達
véritables	本物の
artistes	アーティスト
hommes préhistoriques	先史時代の人間
archéologues	考古学者
estiment	推定する
taureaux	雄牛
spectaculaire	壮大な
mesurent	〜の大きさがある
jusqu'à	〜まで
remarque	注目する
certains	いくつかの
énigmatiques	謎の
signes	記号
points	ドット, 点
lignes	線
chercheurs	研究者
sanctuaire	聖域
endroit à caractère religieux	宗教的な場所

Lascaux
https://www.youtube.com/watch?v=goFvAA14JD4

Compréhension

1) Citez les quatre zones qui composent cette région :
   - Au nord :
   - À l'est :
   - Au centre
   - Au sud
2) La «Venise verte», qu'est-ce que c'est ?
3) Donnez un exemple qui montre que le vin de Bordeaux a une renommée mondiale.
4) Pourquoi peut-on dire que la dune du Pilat est un monument naturel exceptionnel ?
5) Quel personnage historique très connu est né dans cette région ? Pourquoi est-il si connu ?

Grammaire

Poitiers, qui en est la ville principale, est surnommée «la ville aux cent clochers».

中性代名詞 en	
1 – 動詞 + **de** + 名詞／不定詞など (**parler de, discuter de, rêver de, se souvenir de, s'occuper de, avoir envie de, avoir besoin de, se servir de** – …)	
- Il **a parlé de** son accident ?	- Oui, il **en** a **parlé**.
- Je peux utiliser ton ordinateur ?	- Oui, je n'**en ai** pas **besoin** aujourd'hui.
2 – être + 形容詞 + **de**	
- Tu es **content de** ta nouvelle voiture ?	- Oui, j'**en** suis très **content**.
3 – être + 形容詞 + **de** 動詞不定詞 / être + 形容詞 + **que**	
- Votre fils doit **être fier d'**avoir réussi au bac.	- Oui, il **en** est super **fier**.
- Vous **êtes satisfait que** le contrat ait enfin été signé.	- Oui, bien sûr, j'**en** suis tout à fait **satisfait**.
4 – être le / la / l' / les ..... de	
- C'est Monsieur Okada qui **est le PDG de la compagnie** ?	- Non, il n'**en** est pas **le PDG**. Il **en** est seulement **le directeur du personnel**.
5 – 数量表現を伴う名詞に置き換わる： 数字 / un, une, des / du, de la, de l' / peu, un peu, beaucoup, plusieurs …	
- Tu as acheté des croissants ?	- J'**en** ai acheté. （数は明確にされていない） - Je n'**en** ai pas acheté. （数は0） - J'**en** ai acheté deux. （数は明確）
- Il reste du lait ?	- Oui, il **en** reste. - Non, il n'y **en** a plus.
- Vous voulez encore du gâteau ?	- Oui, j'**en** voudrais encore un peu. - Non, merci. Je n'**en** veux plus.
- Tu as goûté des spécialités locales ?	- Oui, j'**en** ai goûté plusieurs. - Non, je n'**en** ai pas goûté.

（　　）内の指示に従って，中性代名詞 en を使って答えなさい．

Répondez aux questions en utilisant l'indice et le pronom en.

1) Il y a combien de régions en France métropolitaine ? (13)
2) Tu as acheté du lait ? (non, oublier d'acheter)
3) Vous êtes content de votre résultat au test ? (oui, être très content)
4) Tu te souviens de mon numéro de téléphone ? (non, ne pas se souvenir)

5) Qui est responsable du projet ? (Madame Martin, être responsable)
6) Tu me parleras de tes vacances à Paris ? (oui, la prochaine fois, parler de)
7) Il a des enfants ? (non)
8) Il reste du gâteau ? (oui, rester un peu)
9) Vous avez des questions ? (non)
10) Vous avez trouvé un appartement ? (oui)

 Vocabulaire

（　）の中から適切な語を選び，必要なら形を変えて文を完成させなさい．
Choisissez le terme qui convient. Le cas échéant, faites les ajustements nécessaires.

1) Il y a une piste cyclable qui (longer / fixer / se déplacer) la rivière sur plusieurs kilomètres.
2) Je n'aime pas du tout les fleurs (énigmatique / artificiel / symbolique).
3) Pendant la dispute il a (menacer / remarquer / entreprendre) de quitter la société.
4) «Les trois mousquetaires», c'est un (roman / artiste / personnage) d'Alexandre Dumas.
5) Il faudra (estimer / mesurer / confirmer) le rendez-vous quelques jours avant.

10 LES PAYS DE LA LOIRE

Le nom de cette région provient de la Loire, cette grande rivière qui la traverse partiellement et se jette dans l'océan Atlantique à Nantes, sa capitale.

Nantes est la 6ᵉ ville de France. Au XVIIIᵉ siècle, elle était le port le plus important du pays. Les marques de sa richesse à cette époque se retrouvent aujourd'hui partout dans la ville qui reflète une atmosphère presque parisienne. De nos jours, les activités portuaires de la région sont installées à Saint-Nazaire, un peu plus loin sur la côte, où se trouvent les plus grands chantiers navals d'Europe.

La côte atlantique des Pays de la Loire est une des régions préférées des touristes français et étrangers. Deux stations balnéaires emblématiques accueillent de nombreux vacanciers : La Baule, réputée pour sa longue plage de sable fin de 9 km,

1	provient de 〜から来る
	la Loire ロワール川
	traverse 横断する
	partiellement 部分的に
	se jette 流れ込む
	l'océan Atlantique 大西洋
5	Nantes ナント
	marques de 〜の跡
	richesse 富
	à cette époque その時代に
	se retrouvent 見られる
	reflète 反映する
10	atmosphère 雰囲気
	activités portuaires 港の機能
	Saint-Nazaire サン＝ナゼール
	chantiers navals 造船所
	stations balnéaires シーサイドリゾート，海水浴場
	emblématiques 象徴する
15	accueillir 迎える
	vacanciers バカンス客
	La Baule ラ・ボル
	réputée pour 〜で有名な
	sable fin 細かい砂

son casino et ses palaces en bord de mer ; Le Croisic où s'est développée la mode des bains de mer au milieu du XIXᵉ siècle. Près de là, on trouve des marais salants et la petite ville de Guérande où est produit l'excellent «sel de Guérande», bien connu même au Japon. Plus bas, on compte aussi de jolis lieux de séjour très fréquentés par les touristes pendant les vacances d'été, tels Les Sables-d'Olonne ou Saint-Jean-de-Monts. Au large, l'île de Noirmoutier et l'île d'Yeu, surnommées les «perles de Vendée» offrent de nombreux sites de découvertes et enchantent les visiteurs.

Les Pays de la Loire sont associés à des événements ou des personnages historiques importants. Dans le sud de la région, se trouve le département de la Vendée. Il est bien plus petit que la région historique qui portait ce nom autrefois et qui est tristement célèbre pour la guerre civile entre les partisans de la République et les fidèles à la royauté pendant la Révolution française. À l'intérieur, l'Anjou, avec sa capitale Angers, est le berceau de la dynastie des Plantagenets qui ont régné en Angleterre pendant trois siècles. La forteresse d'Angers est l'une des plus grandes d'Europe. Richard Cœur de Lion est

---

palaces 超高級ホテル
Le Croisic ル・クロワジック
s'est développée 発展した
mode des bains de mer 海水浴の流行
marais salants 塩田
Guérande ゲランド

compte 数える

lieux de séjour 滞在する場所
fréquentés よく行く
Les Sables-d'Olonne レ・サブル=ドロンヌ
Saint-Jean-de-Monts サン=ジャン=ド=モン
l'île de Noirmoutier ノワールムティエ島
l'île d'Yeu ユー島
surnommées 呼ばれている
perles 真珠
la Vendée ヴァンデ（県）
enchantent 喜ばす
associés à 〜に結び付いている

autrefois かつて
guerre civile 内戦
partisans de la République 共和国支持者
fidèles à la royauté 王制支持者
l'Anjou アンジュー地方
Angers アンジェ
berceau 発祥地
la dynastie des Plantagenets プランタジネット王朝
ont régné 君臨した
forteresse 要塞
Richard Cœur de Lion リチャード獅子心王
est enterré 埋葬された

enterré à l'abbaye de Fontevraud près de Saumur.

L'activité économique des Pays de la Loire est tournée vers l'élevage, l'agriculture, la pêche et le tourisme. 67 % de son territoire sont occupés par des cultures. Elle est classée 2e de France pour la pêche. On trouve également dans cette région de nombreuses entreprises qui produisent des biens de toutes sortes : meubles de luxe, chaussures, machines agricoles, pièces d'avions, vêtements, entre autres. Le mouchoir de Cholet, rouge avec des bandes blanches sur ses côtés, est un article emblématique de la Vendée. Enfin, tous les enfants français (les parents aussi) aiment, pour le goûter, les «Petits LU» ou les «Chocos BN» de la fameuse «Biscuiterie nantaise» de Nantes.

L'événement international annuel en Pays de la Loire est «Les 24 heures du Mans», une course automobile d'une durée de 24 heures qui se déroule sur un circuit près de la ville du Mans depuis 1923. Elle est l'une des trois plus prestigieuses courses au monde avec le Grand Prix de Monaco et les 500 miles d'Indianapolis.

1	abbaye 修道院
	Fontevraud フォントヴロー
	Saumur ソミュール
	territoire 大地，土地
	occupés par 〜で占められている
5	cultures 耕地，農地
	classée 格付けされている
	entreprises 企業
	biens 製品
	de luxe 高級な
	machines agricoles 農業機械
	pièces 部品
	entre autres とりわけ
10	mouchoir ハンカチ
	Cholet ショレ
	goûter おやつ
	Petits LU プティ・リュ（ビスケット）
	Chocos BN ショコ・ベエヌ（ビスケット）
	la Biscuiterie nantaise (BN) ビスキュイトリ・ナンテーズ（ビスケット製造工場）
15	
	«Les 24 heures du Mans» ル・マン24時間レース
	course automobile カーレース
	durée 持続時間
	se déroule 展開する
	circuit サーキットコース
20	prestigieux 誉れ高い
	le Grand Prix de Monaco モナコグランプリ
	les 500 miles d'Indianapolis インディ500

Sel de Guérande
https://www.youtube.com/watch?v=Ounswa4Txg8

Mouchoir de Cholet
http://www.stleger.info/les72StLeger/region1/images/49b%20-%20tisserands/49b.museetextile.htm

BN
https://www.youtube.com/watch?v=R88B8WyTils

24 h du Mans
https://www.youtube.com/watch?v=GgwbLNlMzig

1 *À déguster*

Il y a de nombreuses spécialités culinaires en Pays de la Loire. En Anjou, on choisira des *rillauds* (morceaux de poitrine de porc macérés en saumure
5 aromatisée puis cuits lentement dans un chaudron). Sur la côte, on essaiera les sardines grillées. Dans la région de Saumur, on se régalera de *fouaces* (petits pains briochés ronds) fourrés de *mogettes* (haricots blancs de Vendée), de rillettes du Mans
10 ou de fromage de chèvre. En dessert, avec le café, on prendra un très original *quernon d'ardoise* (confiserie faite d'une nougatine caramélisée enveloppée de chocolat bleu).

culinaires 料理の
rillauds リヨー（料理）
poitrine de porc 豚バラ肉
macérés 浸けられた
saumure 塩水
aromatisée 香りづけされた
chaudron 大鍋
sardines 鰯（いわし）
se régalera de ご馳走を食べる
fouaces フアス
pains briochés ブリオッシュパン
fourrés de 〜を詰めた
mogettes モジェット
haricots blancs 白インゲン
rillettes リエット
quernon d'ardoise ケルノン・ダルドワーズ
confiserie 砂糖菓子
nougatine ヌガティーヌ
caramélisée カラメル化した
enveloppée 包まれた

Mogettes

À voir
Le Château d'Angers

Construit au XIIIᵉ siècle, c'est une forteresse avec plusieurs centaines de mètres de murailles de défense et dix-sept tours. On y entre par un pont-levis car il est entouré de douves. C'est l'une des rares forteresses qui a été souvent assiégée mais n'a jamais été prise par les ennemis.

Aujourd'hui, le château abrite une des plus importantes collections de tapisseries médiévales au monde connues sous le nom de «Tenture de l'Apocalypse».

Angers アンジェ

murailles 城壁
tours 塔
pont-levis 跳ね橋
entouré de 〜で囲まれている
douves 堀
a été assiégée 包囲された

abrite 保存する
médiévales 中世の
Tenture タペストリー
l'Apocalypse 黙示録

Tenture de l'Apocalypse
https://www.youtube.com/watch?v=dzJD5Xg7sVU

Château d'Angers

Le Puy du Fou en Vendée

C'est un parc de loisirs à thématique historique situé au cœur de la Vendée.

Les différentes attractions présentent des spectacles impressionnants retraçant des moments clés de l'histoire de France ou de la Vendée. C'est

le Puy du Fou ピュイ・デュ・フー
parc de loisirs à thématique テーマパーク
au cœur de 〜の中心に
attractions アトラクション
retraçant 生き生きと描く
moments clés de l'histoire 歴史的場面

1 le parc d'attractions le plus visité après Euro Disneyland.

Le Puy du Fou

Puy du Fou
https://www.youtube.com/watch?v=b4Vs9PJ-JOE

Compréhension

1) Quel est le nom de la rivière qui traverse partiellement les Pays de la Loire ?
2) Les deux stations balnéaires principales de cette région s'appellent comment ? Elles sont bien connues pour quoi ?
3) Quel produit bien connu au Japon provient de la petite ville de Guérande ?
4) Qu'est-ce qui s'est passé en Vendée pendant la Révolution française ?
5) Comment s'appelle l'événement international qui se déroule chaque année au Mans ? Qu'est-ce que c'est ?

Grammaire

Le département de la Vendée est plus petit que la région historique qui portait le même nom autrefois.

「思い出」を述べる直説法半過去
過去における「継続的状態」を表すのに用いられます．
autrefois, au ??ᵉ siècle, avant, dans le passé, といった語句とともにしばしば使われます．

半過去の活用：-ais -ais -ait -ions -iez -aient		
第一群規則動詞 -er	第二群規則動詞 -ir	不規則動詞
Je **march**ais	Je **finiss**ais	J'**ét**ais
Tu **écout**ais	Tu **choisiss**ais	Tu **av**ais
Il **travaill**ait	Il **agiss**ait	Il **fais**ait
Elle **habit**ait	Elle **applaudiss**ait	Elle **pren**ait
On **regard**ait	On **bâtiss**ait	On **écriv**ait
Nous **demand**ions	Nous **démoliss**ions	Nous **pouv**ions
Vous **aim**iez	Vous **désobéiss**iez	Vous **dis**iez
Ils **arriv**aient	Ils **rempliss**aient	Ils **part**aient
Elles **rest**aient	Elles **réfléchiss**aient	Elles **sort**aient

（　）内の動詞を直説法半過去に活用させなさい．

Conjuguez les verbes à l'imparfait

1) Aujourd'hui, j'envoie des mails ou des textos*. Autrefois j'(écrire) des lettres.   *texto = SMS
2) Quand j'étais petite, mes parents (avoir) un champ et (cultiver) les légumes.
3) Avant, pour venir au Japon, on (faire) escale à Moscou. Maintenant, il y a des vols directs.
4) Au Moyen Âge, les conditions de vie des paysans (être) très dures.
5) Au XVIIIᵉ siècle, on (laver) le linge à la main. Aujourd'hui, on a une machine à laver.
6) Jusqu'en 1936, en France, les ouvriers (travailler) souvent plus de 40 heures par semaine.
7) Autrefois, nous (manger) plus de riz qu'aujourd'hui.
8) Il paraît qu' à l'époque Edo, le divorce n'(être) pas si rare.
9) Autrefois, les gens (prendre) le temps de vivre. Aujourd'hui ils sont toujours pressés.
10) Avant, elle (rêver) de se marier. Aujourd'hui, elle rêve de divorcer.

Vocabulaire

（　　）の中から適切な語を選び，必要なら形を変えて文を完成させなさい．
Choisissez le terme qui convient. Le cas échéant, faites les ajustements nécessaires.

1) J'ai essayé de réparer la vieille horloge de ma grand-mère mais une (abbaye / perle / pièce) est cassée.
2) Mitsubishi est une (attraction / forteresse / entreprise) japonaise bien connue.
3) Pour le (goûter / port / territoire) de 4 heures, je ferai des crêpes.
4) Au Japon, avant de (traverser / provenir / se jetter) la route, il faut regarder à droite puis à gauche. En France, c'est le contraire.
5) La culture des (perle / sardine / haricot) est un savoir-faire ancestral au Japon.

11 LE CENTRE – VAL DE LOIRE
(Centre)

    Comme son nom l'indique, le Centre - Val de Loire est une région où se trouve le point central du territoire français. Elle est coupée d'est en ouest, presqu'en son milieu, par la vallée de la Loire. Son relief est plutôt plat et ses paysages se composent principalement de grands domaines fermiers et de nombreux châteaux. Elle est sillonnée de pistes cyclables, y compris l'unique «Loire à vélo» longue de 800 kilomètres.

    L'économie du Centre - Val de Loire a toujours conservé un caractère fortement agricole. Au nord, on trouve la Beauce, avec ses champs de blé qui s'étendent à perte de vue. Traditionnellement surnommée «le grenier à blé», elle est, de fait, la première région céréalière de France et d'Europe. Chartres, la ville principale, est célèbre pour sa magnifique cathédrale dont les vitraux d'époque médiévale, caractérisés par leur «bleu de Chartres»,

1	comme son nom l'indique 名前が示すように
	coupée 分断されている
5	relief 地形
	plat 平坦な
	domaines fermiers 農地
	sillonnée de 〜が縦横に走っている
	pistes cyclables サイクリング・ロード
10	y compris 含めて
	la Loire à vélo ロワール川に沿って整備されたサイクリングコース
	la Beauce ボース平野
	champs de blé 麦畑
	s'étendent 広がる
	à perte de vue 見渡す限りに
	surnommée 呼ばれている
15	grenier à blé 麦の倉
	de fait 事実
	région céréalière 穀物栽培地方
	Chartres シャルトル
	vitraux ステンドグラス
	époque médiévale 中世時代

ont une renommée mondiale. Il s'agit d'une collection unique de 172 baies vitrées illustrant la Bible, la vie des Saints et le travail des artisans de l'époque.

Proche de Paris, avec un climat doux et ensoleillé, des produits du terroir raffinés, des vins d'excellente qualité, la vallée de la Loire était une région très appréciée par les rois de France et les nobles de la cour au Moyen Âge et à l'époque de la Renaissance. Ainsi, de nombreux châteaux (plus de 3000, dit-on), petits ou grands, plus ou moins extravagants, ont été construits dans ce qu'on appelait alors «le jardin de France». Les plus visités de nos jours sont Chambord, Azay-le-Rideau, Blois et Chenonceau.

Des événements historiques ont eu lieu dans ces châteaux. Par exemple, pendant la Guerre de Cent Ans, c'est à la forteresse de Chinon que Jeanne d'Arc a convaincu le roi de France, alors en exil, de reconquérir son royaume occupé par les Anglais.

En plus de l'agriculture et du tourisme, l'économie du Centre - Val de Loire est également dynamique dans des secteurs comme la pharmacie, la chimie, l'industrie cosmétique, les équipements mécaniques, le matériel électrique, électronique et informatique. Elle est la 1ère région de France pour

---

renommée mondiale 世界的な名声
baies vitrées ガラス窓
la Bible 聖書
Saints 聖人
artisans 職人

proche de ～に近い
ensoleillé 晴れた
produits du terroir raffinés 洗練された農産物

rois 王様
nobles de la cour 宮廷貴族
la Renaissance ルネサンス
ainsi そういうわけで
plus ou moins 多かれ少なかれ
extravagants 並外れた
le jardin de France フランスの庭
de nos jours 現代では
Chambord シャンボール城
Azay-le-Rideau アゼ＝ル＝リドー城
Blois ブロワ城
Chenonceau シュノンソー城
ont eu lieu 起こった
la Guerre de Cent Ans 百年戦争
la forteresse de Chinon シノン城
a convaincu 説得した
en exil 亡命中の
reconquérir 奪回する
royaume 王国
occupé 占領された

pharmacie 薬学

chimie 化学
industrie cosmétique 化粧品業
équipement mécanique 機械設備
informatique 情報科学の

la production de médicaments.

Bien que ses villes principales telles Tours, Blois, Orléans, Bourges ou Chateauroux évoquent toutes la richesse du passé historique de la région, le Centre - Val de Loire est également tourné vers l'avenir et le développement d'une économie «verte». Elle se classe 3ᵉ en France pour la production d'énergie éolienne.

Quant au point exact du centre de la France, il est disputé entre plusieurs petites communes mais il semblerait qu'il soit situé à Saint-Amand-Montrond près de Bourges.

Vitraux de Chartres
https://www.youtube.com/watch?v=NxVvScXxRVI

À déguster

Dans le Centre - Val de Loire, on trouve de nombreuses charcuteries : pâtés, saucisses, boudins. Mais on aimera particulièrement les rillettes de Tours qui sont traditionnellement aromatisées au vin de Vouvray. Les rillettes sont une sorte de pâté obtenu par cuisson très longue (de 5 à 12 heures) de poitrine de porc dans un bouillon à base de vin, d'eau et de saindoux. On mangera des rillettes

1 médicaments 薬品
Tours トゥール
Orléans オルレアン
Bourges ブールジュ
Chateauroux シャトールー

5 tourné vers l'avenir 未来に目を向けている
économie verte グリーン経済

énergie éolienne 風力エネルギー
quant à ～については
est disputé 争われている
10 communes コミューン（フランスの地方自治体の最小単位）
il semblerait que ～らしい
Saint-Amand-Montrond サン゠タマン゠モンロン

15 charcuteries 豚肉製品
boudins ブーダン（豚の血と脂身で作るソーセージ）
rillettes リエット
aromatisées au ～で香りづけされた
Vouvray ヴーヴレ
poitrine de porc 豚バラ肉
bouillon ブイヨン
20 à base de ～をベースとした
saindoux ラード，豚脂

sur du pain ou fourrées dans des *fouaces* de Touraine, des galettes de pâte à pain cuites au four. Comme dessert, on choisira des *cotignacs* d'Orléans, friandises à base de coing.

À voir
Le Val de Loire entre Sully-sur-Loire et Chalonnes
(Patrimoine mondial de l'humanité)

C'est un site exceptionnel, le long d'un grand fleuve, la Loire, et qui comprend des villes ou des villages historiques (Blois, Chinon, Orléans, Tours), des terres cultivées, des châteaux de renommée mondiale comme celui de Chambord. Il témoigne de l'interaction des hommes avec leur environnement sur plus de 2000 ans qui a abouti à la composition d'un paysage harmonieux. Il illustre également les idéaux de la Renaissance et du siècle des Lumières sur la pensée de l'Europe occidentale et sa création.

Chenonceau

Vallée de la Loire

Compréhension

1) Pouvez-vous expliquer le nom choisi pour cette région ?
2) La «Loire à vélo», qu'est-ce que c'est ?
3) Quel est le surnom de la Beauce ? Pourquoi ?
4) La cathédrale de Chartres est connue pour quoi ?
5) Pourquoi est-ce qu'il y a beaucoup de châteaux dans cette région ?

Châteaux de la Loire
https://www.youtube.com/watch?v=9ndUlKKBmUo

Jeanne d'Arc
https://www.youtube.com/watch?v=0UuNEH3z2pA

Grammaire

Chartres est célèbre pour sa cathédrale dont les vitraux ont une renommée mondiale.

関係代名詞 dont

❀ 動詞が前置詞 **de** を含む場合（avoir besoin de, avoir envie de, parler de, se souvenir de, s'apercevoir de, s'occuper de, discuter de, se servir de, rêver de）

Je lui ai offert **un CD**. Elle avait envie **de ce CD**.
⇨ Je lui ai offert le CD **dont** elle avait vraiment envie.

❀ 形容詞 + **de**

Il nous a présenté **sa copine**. Il est follement amoureux **de cette copine**.
⇨ Il nous a présenté sa copine **dont** il est follement amoureux.

❀ 名詞 + **de**

Chartres est célèbre pour **sa cathédrale**. Les vitraux **de sa cathédrale** ont une renommée mondiale.
⇨ Chartres est célèbre pour sa cathédrale **dont** les vitraux ont une renommée mondiale.

❀ **parmi lesquels / lesquelles**

Les parfumeries de Grasse, parmi lesquelles Fragonard, la plus connue, ont marqué l'histoire du parfum à travers les siècles.
⇨ Les parfumeries de Grasse, **dont** Fragonard, la plus connue, ont marqué l'histoire du parfum à travers les siècles.

関係代名詞 dont を使って，次の２つの文を１つの文にしなさい．
Faites une seule phrase avec ces deux phrases en utilisant le pronom relatif DONT.

1) Je t'ai parlé d'un film. Finalement, est-ce que tu l'as vu ?
2) Elle portait une veste. La couleur de cette veste n'allait pas du tout avec celle du pantalon.
3) Tu n'as plus besoin de ces papiers. Tu peux les jeter.
4) Je ne suis pas satisfaite de ce restaurant. Je n'irai plus dans ce restaurant.
5) Ils s'occupent d'un projet. Ce projet est très important.
6) Maïa Plissetskaïa était une grande ballerine russe. Il a traduit la biographie de Maïa Plissetskaïa,
7) Pendant le voyage, nous avons traversé beaucoup de villages. Je ne me souviens pas des noms de ces villages.
8) Je vais vous rendre des documents. Je ne me suis pas servi de ces documents.
9) Ils ont fait construire une maison. Ils rêvaient de cette maison depuis toujours.
10) Elle a trouvé un travail. Elle est enchantée de ce travail.

 **Vocabulaire**

（　）の中から適切な語を選び，必要なら形を変えて文を完成させなさい．
Choisissez le terme qui convient. Le cas échéant, faites les ajustements nécessaires.

1) L'aspirine est un (médicament / produit du terroir / bouillon) efficace contre le mal de tête.
2) Il m'a bien expliqué le projet mais je ne suis toujours pas (convaincu / surnommé / disputé) de son utilité.
3) Le long de la rivière Tama, il y a une (piste cyclable / baie vitrée / forteresse) où on peut se balader en vélo.
4) J'aime tout dans la cuisine japonaise, (y compris / plus ou moins / à base de) les nattos.
5) À Hokkaido, il y a des champs de lavande qui s'étendent (comme son nom l'indique / à perte de vue / tourné vers l'avenir).

12 LES DROM

Ce sont des territoires français qui ont été colonisés aux XVIIIe et XIXe siècles et c'est pourquoi ils sont situés en dehors de l'Hexagone et qualifiés d'outre-mer. Principalement des îles ou des archipels (sauf la Guyane), ils sont tous très éloignés de la France métropolitaine. Cayenne, par exemple, en Guyane française, est à plus de 7 000 kilomètres de Paris. En raison de leur situation géographique dans des zones tropicales ou équatoriales, les DROM sont souvent exposés aux risques naturels tels les cyclones, les tremblements de terre ou les éruptions volcaniques.

Même si le français est la langue officielle dans les DROM, les langues locales et les créoles sont largement employés par les populations. L'identité culturelle y est donc très forte et se retrouve dans les coutumes, la cuisine, la musique, la littérature et l'art en général.

ont été colonisés	植民地化された
en dehors de	〜の外に
l'Hexagone	六角形（＝フランス）
qualifiés de	〜と形容される
outre-mer	海外
archipels	列島
éloignés	遠い
zones tropicales ou équatoriales	熱帯または赤道地帯
sont exposés à	〜にみまわれる
risques naturels	自然災害
cyclones	サイクロン
tremblements de terre	地震
éruptions volcaniques	火山噴火
même si	たとえ〜でも
langue officielle	公用語
langues locales	現地語
créoles	クレオール語
identité culturelle	文化的アイデンティティ
coutumes	習慣
se retrouve	見られる

LA GUADELOUPE

C'est une île située dans les petites Antilles au Nord du Venezuela. Elle a la forme d'un papillon. Au nord, la Grande-Terre avec sa ville principale Pointe-à-Pitre. Au sud, la Basse-Terre avec un volcan en activité : la Soufrière. La Guadeloupe est marquée par l'histoire de l'esclavage car c'est au XVIIe siècle que les colons blancs y ont emmené des esclaves noirs pour cultiver la canne à sucre ou le café. Aujourd'hui, l'économie de la Guadeloupe repose sur la production de la banane, de la canne à sucre et du rhum. Le tourisme occupe également une place importante.

1 La Guadeloupe グアドループ
les petites Antilles 小アンティル諸島
papillon 蝶
Grande-Terre グランド゠テール島
5 Pointe-à-Pitre ポワンタピートル
Basse-Terre バス゠テール島
volcan en activité 活火山
la Soufrière スフリエール山
est marquée par 大きな影響を与えられている
esclavage 奴隷制度
colons blancs 白人入植者
10 ont emmené 連れていった
esclaves noirs 黒人奴隷
canne à sucre サトウキビ
repose sur 〜に基づく
rhum ラム酒

La Guadeloupe.
https://www.youtube.com/watch?v=XceR6FJ8YVw

Marché en Guadeloupe

LA MARTINIQUE

C'est une autre île des petites Antilles proche de la Guadeloupe. Comme la Guadeloupe, son histoire et son économie sont aussi liées à l'esclavage. Sa capitale est Fort-de-France. Ses paysages sont magnifiques. Elle est connue comme «l'île aux fleurs,» avec plus de 1700 espèces recensées. La montagne Pelée est un volcan de Martinique toujours en activité.

La Martinique produit principalement de la canne à sucre et des bananes. Le rhum de Martinique est réputé dans le monde entier.

La Martinique マルティニーク

Fort-de-France フォール=ド=フランス

espèces recensées 同定された種

La montagne Pelée プレー山

Plage de la Martinique

La Martinique
https://www.youtube.com/watch?v=PTZd9-jKVNU

LA GUYANE FRANÇAISE

Cette région est située au nord du Brésil. Elle est essentiellement couverte d'une forêt tropicale humide bordée de mangroves côté mer. Sa ville

La Guyane française フランス領ギアナ

forêt tropicale 熱帯雨林

mangroves マングローブ湿地

principale est Cayenne. Longtemps, Cayenne a été principalement connue pour son bagne où étaient envoyés les condamnés aux travaux forcés. Aujourd'hui, l'économie de la Guyane est essentiellement dépendante de l'industrie spatiale. En effet, depuis sa création en 1964, le Centre spatial guyanais de Kourou est la base de lancement des fusées européennes Ariane.

1	côté mer 海側
	Cayenne カイエンヌ
	bagne 流刑地
	condamnés 受刑者
	travaux forcés 強制労働
5	dépendante 依存する
	industrie spatiale 宇宙産業
	Kourou クールー
	base de lancement 発射台
	fusées ロケット

LA RÉUNION

C'est une petite île au large de l'Afrique, à l'est de Madagascar. Sa capitale est Saint-Denis. Elle est réputée pour ses paysages montagneux spectaculaires, ses forêts tropicales, ses récifs, ses plages et sa culture créole. Un volcan en activité, la Fournaise, inquiète régulièrement les populations. Mais les amateurs de randonnées et de montagne sont nombreux à parcourir les pitons, les criques, les amphithéâtres naturels formés par l'effondrement de plus anciens volcans. L'économie de la Réunion repose sur l'agriculture, la pêche et le tourisme.

	La Réunion レユニオン
10	
	Madagascar マダガスカル
	Saint Denis サン＝ドニ
	spectaculaires 壮大な
	récifs サンゴ礁
	culture créole クレオール文化
15	La Fournaise ピトン・ド・ラ・フルネーズ山
	inquiète 心配させる
	amateurs 愛好家
	randonnée ハイキング, トレッキング
	parcourir 踏破する
	pitons 尖峰
	criques 入り江
20	amphithéâtres 円形劇場
	effondrement 崩壊

La Réunion
https://www.youtube.com/watch?v=UoTYNd3luOA

1 MAYOTTE

Mayotte est un ensemble de petites îles situées dans l'archipel des Comores entre l'Afrique et Madagascar dans l'océan Indien, à plus de 8000 kilomètres de la France métropolitaine. Elles sont françaises depuis 1841. Mamoudzou en est la ville principale.

Ses deux plus grandes îles, Grande-Terre et Petite-Terre, sont adossées à une longue barrière de corail qui entoure un des plus grands lagons du monde. Les eaux toujours tempérées de ce lagon sont un refuge idéal pour les dauphins, les baleines, les tortues marines, les poissons tropicaux. Les paysages naturels de Mayotte ont conservé une authenticité naturelle remarquable.

L'économie de Mayotte est principalement tournée vers la pêche et l'agriculture. Culture du riz, du manioc, des fruits tropicaux, des plantes à parfum et des épices. Le tourisme est encore peu développé en raison du manque de structures d'accueil pour les visiteurs.

L'identité mahoraise reste très marquée à Mayotte. Bien que le français soit la langue officielle, le shimaoré est d'usage quotidien. Enfin, il est intéressant de noter que la société mahoraise

Mayotte マヨット

Comores コモロ諸島

l'océan Indien インド洋

Mamoudzou マムズ

Grande-Terre グランド＝テール（大島）
Petite-Terre プティト・テール（小島）
adossées à ～を背にした
lagon 礁湖（しょうこ）
tempérées 温暖な
dauphins イルカ
baleines クジラ
tortues marines 海ガメ
poissons tropicaux 熱帯魚
authenticité 本物であること

manioc キャッサバ澱粉（でんぷん）

manque de ～の不足
structures d'accueil 宿泊施設

mahoraise マヨットの

shimaoré シマオレ語
d'usage quotidien 日常使用の

traditionnelle est matriarcale : la femme joue un rôle déterminant à tous les niveaux. Elle est censée s'épanouir à tout âge, alors que l'homme atteint sa plénitude après son mariage.

À déguster

La cuisine des DROM est surprenante par l'utilisation de produits exotiques.

En Guadeloupe, on choisira des acras de morue (beignets frits à base de chair de morue) accompagnés d'un *Ti-Punch* (cocktail à base de rhum blanc et citron vert).

En Martinique, on vous proposera le poulet boucané en barbecue qui, selon la légende, remonte à l'époque où les pirates, nombreux dans les Antilles, fumaient la viande pour la conserver.

À la Réunion, vous pourrez essayer différents *caris*, toujours accompagnés de riz, versions locales des currys indiens. Les légumes contenus dans les caris sont de production locale.

À Mayotte, le repas est souvent constitué de *bata bata* (bananes et/ou manioc, avec des fruits à pain bouillis) servi avec de la viande. Mais on mange aussi du riz accompagné de *mabawas* (ailes

1　matriarcale 母権制の
　　rôle déterminant 決定的役割
　　censée 〜だと見なされている
　　s'épanouir 開花する
　　alors que 〜なのに
　　plénitude 盛り

5

　　surprenante 驚くべき
　　produits exotiques エキゾチックな産物
　　acras アクラ（料理）
　　morue タラ
　　beignets 衣揚げ
10　accompagnés de 〜を添えた
　　Ti-Punch ティポンシュ

　　boucané 燻製にした
　　selon 〜によると
　　légende 伝説
15　remonte à 〜にさかのぼる
　　pirates 海賊
　　nombreux 多くの
　　fumaient 燻製にした
　　caris ［カリ］と発音．カレー（料理）
　　versions locales
　　indiens インドの
　　légumes 野菜
20　production locale 地元の産物
　　bata bata バタバタ（料理）
　　fruits à pain パンノキの実
　　piment 唐辛子
　　mabawas マバワ（料理）
　　ailes de poulet 鶏手羽肉

de poulet rôti) ou du *kakamuku* (poisson bouilli avec du tamarin, du safran et des oignons). Les Mahorais aiment servir tous les plats avec du piment écrasé (*putu* ou *pili pili*) mélangé avec du sel.

kakamuku	カカムク(料理)
tamarin	タマリン(タマリンドの果実)
safran	サフラン
Mahorais	マヨット人
piment écrasé	砕いた唐辛子
putu	プツ(料理)
pili pili	ピリピリ(料理)

À voir
Les pitons de la Réunion
(Patrimoine mondial de l'humanité)

Il y a deux volcans sur l'île : le piton des Neiges (3070 mètres), qui est endormi, et le Piton de la Fournaise (2632 mètres), qui est extrêmement actif.

En raison des conditions géographiques, géologiques et climatiques particulièrement variées, la nature a sculpté des panoramas vertigineux, des paysages accidentés et spectaculaires, d'une beauté exceptionnelle.

La Réunion, qui abrite 230 espèces végétales uniques au monde, contribue significativement à la conservation de la biodiversité terrestre. Elle est le refuge pour la survie d'un grand nombre d'espèces menacées ou en danger.

volcans	火山
le piton des Neiges	ピトン・デ・ネージュ山
endormi	眠っている(休火山であるということ)
le Piton de la Fournaise	ピトン・ド・ラ・フルネーズ山
extrêmement	きわめて
actif	活発な
géographiques	地理的な
géologiques	地質の
climatiques	気候の
variées	変化に富んだ
a sculpté	彫刻した
panoramas	パノラマ
vertigineux	とてつもない
accidentés	起伏のある
spectaculaires	目をみはるような
exceptionnelle	たぐいまれな
espèces végétales	植物種
uniques au monde	世界で唯一の
contribue à	～に貢献する
significativement	明らかに
biodiversité	生物多様性
terrestre	陸生の
refuge	避難所
survie	生存
espèces menacées ou en danger	絶滅危惧種

Paysages de la Réunion

La Soufrière

Située dans le Parc national de la Guadeloupe, la Soufrière est un volcan haut de 1467 mètres dont l'activité se manifeste principalement par de nombreux dégagements de vapeur. Sa dernière éruption a eu lieu en 1976. On peut faire une randonnée jusqu'à son sommet où le paysage prend alors un aspect presque lunaire.

dégagements de vapeur 蒸気の吹き出し
éruption 噴火

lunaire 月の

Paysage lunaire de la Soufrière

La Soufrière
https://www.youtube.com/watch?v=tUhUlBdGdrM

1 Le rocher du Diamant

C'est une petite île inhabitée située dans la mer des Caraïbes au sud-ouest de la Martinique. Haut de 175 mètres, ce rocher pointu et biseauté se dresse majestueusement à environ deux kilomètres de la côte. Sa forme tout à fait unique ainsi que les reflets du soleil sur ses parois à certaines heures du jour, évoquent en effet une pierre précieuse, un diamant.

pointu 鋭い
biseauté 斜めに切られた
majestueusement 荘厳に

reflets du soleil 太陽の反射
parois 岩壁

Rocher du Diamant

Le rocher du Diamant
https://www.youtube.com/watch?v=Hx1MQUHsYqw

10 Le Centre Spatial Guyanais

Si vous vous intéressez à la conquête de l'espace, vous pourrez visiter à Kourou, en Guyane, le Centre Spatial Guyanais. Vous y découvrirez l'impressionnante zone de lancement pour les fusées européennes Ariane. Vous apprendrez comment fonctionne une telle base spatiale et son impact sur l'environnement.

la conquête de l'espace 宇宙征服

zone de lancement 発射台
fusées ロケット

Le Centre Spatial Guyanais
https://www.youtube.com/watch?v=rzuBQH9GfmY

L'îlot de Saziley à Mayotte

L'îlot de Saziley se situe au sud de l'île de Mayotte. Il s'agit d'un îlot de sable blanc d'une superficie de 458 hectares et dont la forme évoque un crocodile allongé. On ne trouve aucun village dans cette zone qui est devenue une réserve naturelle pour les espèces marines protégées.

1 îlot 小島

superficie 面積

5 crocodile ワニ
allongé 横たわった

Ilot de Saziley
https://www.youtube.com/watch?v=A4vr5BRxGUF

Compréhension

1) Où se trouvent la Guadeloupe et la Martinique ? Quelles sont les 2 cultures principales de ces îles ?
2) Où se trouve la Guyane française ?
3) Dans le passé, la Guyane française était connue pour quoi ?
4) Et aujourd'hui, la Guyane française est connue pour quoi ?
5) Où se trouve la Réunion ? Quels sont ses types de paysages ?
6) Où se trouve Mayotte ? Quel est le point intéressant dans la société traditionnelle mahoraise ?

Grammaire

Depuis sa création en 1964, le Centre Spatial Guyanais de Kourou est la base de lancement des fusées européennes Ariane.

depuis「〜前から」	**il y a**「〜前に」
J'habite à Tokyo depuis 3 ans.	Je suis arrivée à Tokyo il y a 3 ans.
J'étudie le français depuis 6 mois.	J'ai commencé à étudier le français il y a 6 mois.
	Je suis allée en France il y a 2 ans.
	J'ai visité le Mont-Saint-Michel il y a 10 ans.
depuis「〜から」	
Je connais Michel depuis 1964.	
Il pleut sans arrêt depuis hier.	
On ne le voit plus depuis son mariage.	
Elle est au chômage depuis avril.	

下線部に depuis または il y a を入れて文を完成させなさい.
Compétez avec DEPUIS ou IL Y A.

1) Ils ont déménagé ici _____ longtemps.
2) Il est parti _____ 2 semaines et on n'a toujours pas de nouvelles.
3) Ils se sont mariés _____ 10 ans.
4) Vous êtes mariée _____ combien de temps ?
5) Je ne suis pas sortie _____ le début des vacances.
6) On s'est vus _____ 6 mois.
7) Il a arrêté de fumer _____ plus de 2 ans.
8) _____ mon arrivée à Paris, il a plu tous les jours.
9) J'ai fini _____ juste 5 minutes.
10) Qu'est-ce qu'il a fait _____ son retour ?

 **Vocabulaire**

（　　）の中から適切な語を選び，必要なら形を変えて文を完成させなさい．
Choisissez le terme qui convient. Le cas échéant, faites les ajustements nécessaires.

1) Les (coutume / fusée / palmier) japonaises sont lancées du Centre spatial de Tanegashima.
2) En Guadeloupe, il y a beaucoup d'endroits où vous pourrez pratiquer la (plongée sous-marine / production locale / barrière de corail).
3) Dans le roman de Victor Hugo *Les Misérables*, le héros Jean Valjean a été emprisonné au (volcan / bagne / chaudron) de Toulon pour avoir volé un pain.
4) Je voudrais (emmener / compter / protéger) les enfants au parc de Shinjuku dimanche pour un pique-nique, s'il fait beau.
5) Nice est bien connue pour sa promenade des Anglais, cette large avenue (arrosé / enveloppé / bordé) de palmiers.

RÉCRÉATION

1- 「シャルトルのブルー」は国際的に知られています．下の文は色を含むフランス語の表現です．3つの中のどの色でしょうか？
  Le bleu de Chartres est connu internationalement. Voici quelques expressions françaises qui contiennent une couleur. Pouvez-vous les retrouver.

  1) La nuit, tous les chats sont noirs / gris / blancs. (Dicton)
     (Dans une situation difficile, il est facile de se tromper)
  2) Travailler au rouge / vert / noir
     (Travailler illégalement, sans être déclaré, sans payer les taxes)
  3) Être fleur rose / bleue / jaune
     (Être naïf)
  4) Donner carte blanche / verte / rouge
     (Donner son autorisation, son accord total, à quelqu'un pour faire quelque chose)
  5) Rire bleu / jaune / violet
     (Se forcer à rire même si on n'a pas envie)
  6) Voir la vie en orange / bleu / rose
     (Être optimiste, penser que tout va bien dans la vie)
  7) Avoir la main verte / jaune / rose
     (Être bon jardinier)
  8) Voir noir / rouge / gris
     (Se mettre tout à coup en colère)
  9) Un col blanc / gris / bleu
     (Une personne employé dans un bureau, par opposition à un ouvrier d'usine)
  10) Broyer du gris / rouge / noir
     (Être déprimé, pessimiste, mélancolique, découragé)

2- 各課のテキストをもう一度読んで，正しい答えを選びなさい．
  Relisez le texte principal de chaque leçon et choisissez la bonne réponse.

(BRETAGNE)
un chou-fleur c'est : un fruit / un légume / une boisson

(NORMANDIE)
une falaise c'est : en haut d'une montagne / au bord de la mer / dans une forêt

(HAUTS-DE-FRANCE)
un patois c'est : une langue régionale / un gâteau aux pommes / un fromage régional

(GRAND EST)
une grande occasion c'est : pour célébrer / pour protester / pour étudier

(BOURGOGNE – FRANCHE-COMTÉ)
À Dijon, on produit : de la mayonnaise / du ketchup / de la moutarde

(AUVERGNE – RHÔNE-ALPES)
un pneu c'est un élément : de voiture / d'ordinateur / de téléphone

(PACA)
le Pastis c'est : un sport / un légume / une boisson

(OCCITANIE)
un pélerinage c'est : un séjour au bord de la mer / un repas de fête / un voyage vers un lieu saint

(NOUVELLE-AQUITAINE)
la dentelle c'est une sorte de : tissu / gâteau / fromage

(PAYS DE LA LOIRE)
un mouchoir On le met : dans sa poche / sur la table / dans son porte-monnaie

(CENTRE – VAL DE LOIRE)
un vitrail On le trouve : dans une église / dans un champ / dans une rivière

(DROM)
un volcan c'est : une montagne / un bateau / un vêtement

3- 母音字を入れてクロスワードパズルを完成させなさい．すべての語は régions の紹介に使われている語で，グリーンツーリズムや自然に関連した語です．

Complétez en ajoutant les voyelles manquantes. Tous les mots ont été utilisés dans les présentations des régions et ont un rapport avec le tourisme vert ou la nature.

4- régions の紹介に出てきたものです．どこで買えるものでしょうか？

Ces objets ont été mentionnés dans les présentations des régions. Où peut-on les acheter ?

une friandise : à la boucherie / à la pâtisserie / à la poste / à la banque

un vase : à la boulangerie / dans un grand magasin / à la gare / à l'épicerie

un bijou : à la boucherie / à la joaillerie / au supermarché / à la banque

des prunes : à la boulangerie / au supermarché / à la boucherie / à la pharmacie

des carambars : à la crémerie / à la pharmacie / à la boulangerie / au supermarché

un artichaut : au supermarché / à la pharmacie / à la banque / à la boucherie

un camembert : au café / à la pâtisserie / à la crémerie / à la banque

du riz : à la boulangerie / à la gare / au supermarché / à la poste

un savon : à la librairie / à la poste / à la pharmacie / à la pâtisserie

un couteau : dans un grand magasin / à la poste / à la pharmacie / au marché

du jambon : à la librairie / à la boucherie / à la gare / à la pharmacie

un mouchoir : à la boucherie / à la crèmerie / à la librairie / dans un grand magasin

des médicaments : à la pâtisserie / à la librairie / à la boulangerie / à la pharmacie

5- PACA の Grasse の町では香水用の花が栽培されています．太字部分の文字を入れ替えて花の名前にしてください．

À Grasse, en PACA, on cultive les fleurs à parfum. Remettez les lettres dans l'ordre pour trouver le nom des fleurs.

une **sore** : La fleur préférée des femmes, surtout si elle est rouge.
du **tumuge** : C'est la fleur symbolique du 1er mai, en France.
une **puteil** : La Hollande est très connue pour cette fleur.
de la **danvale** : Elle est bien parfumée. En tisanes, elle est calmante.
un **sli** : C'est la fleur des rois de France.
un **hersanmychèt** : C'est la fleur des empereurs du Japon.
un **loitele** : Au Japon, on l'offre aux mamans le jour de la fête des mères.
une **traimergue** : Blanche avec le cœur jaune, elle ressemble à un œuf sur le plat.
une **népese** : Une fleur qu'on a dans la tête.
une **toilevet** : Une petite fleur pour dire : «Je suis timide mais je pense à vous».

6- 太字部分の文字を入れ替えて牧場で飼われているポケモン，いえ動物の名前にしてください．régions の紹介でいくつかの動物が出てきました．

Remettez les lettres dans le bon ordre pour trouver les ~~Pokémons~~ animaux dans une ferme. Quelques animaux ont été mentionnés dans les présentations des régions.

1) un **notomu**   6) un **chnooc**
2) un **vachel**   7) un **arautue**
3) une **chave**   8) un **qoc**
4) un **touple**   9) une **loupe**
5) un **aveu**   10) un **nussopi**

7- 子音字を入れてクロスワードパズルを完成させなさい．すべての語は海に関連した語です．
Complétez en ajoutant les consonnes manquantes. Tous les mots ont un rapport avec la mer.

8- 海に行く時にもっていくものです．太字部分の文字を入れ替えて，正しい綴りにしてください．
Pour aller à la plage, vous aurez besoin de ces accessoires. Remettez les lettres dans l'ordre pour trouver les mots.

un **apauche**	帽子	des **gonts**	ゴムぞうり
un **lailmot ed niba**	水着	des **entultes ed loisel**	サングラス
une **oubée**	浮き輪	des **malpes**	足ひれ（フィン）
un **lapasor**	日傘	un **tabu**	潜水チューブ
une **trivetese**	タオル	une **drouge**	水筒
une **mèrce saroile**	日焼け止めクリーム	un **quasme ed enpolgé**	潜水マスク

9- 格子の中から下の都市を見つけてください.

Retrouvez les villes qui se cachent dans la grille.

Lille, Calais, Brest, Rennes, Rouen, Caen, Strasbourg, Nancy, Dijon, Besançon, Lyon, Chamonix, Avignon, Nice, Bastia, Ajaccio, Toulouse, Carcassonne, Poitiers, Bordeaux, Cayenne, Saint-Denis, Mamoudzou, Nantes, Angers, Blois, Orléans

B	A	S	T	I	A	W	S	E	D	E	R	T	S	I	O	L	B	R
O	T	E	C	A	E	N	N	E	B	R	E	S	T	R	A	I	C	E
R	T	R	A	J	K	L	B	M	E	O	U	S	R	E	G	N	A	T
D	F	F	L	I	L	L	E	U	R	U	H	O	A	E	R	T	R	O
E	C	V	A	U	E	A	S	A	T	E	B	I	S	O	I	R	C	E
A	I	V	I	J	C	H	A	M	O	N	I	X	B	L	U	I	A	D
U	O	F	S	N	O	R	N	O	U	I	T	E	O	U	M	A	S	I
X	A	X	U	E	R	B	Ç	A	T	S	T	O	U	L	O	U	S	E
E	X	A	J	A	E	U	O	U	L	E	A	U	R	D	Y	O	O	N
A	E	V	N	S	N	A	N	C	Y	R	T	Y	G	E	F	A	N	E
U	D	I	J	O	N	N	E	U	O	N	N	A	U	F	G	E	N	T
E	E	G	E	R	E	T	I	R	N	I	C	E	M	I	S	S	E	R
N	D	N	D	A	S	O	L	O	I	U	Y	T	G	U	R	E	t	U
N	P	O	I	T	I	E	R	S	A	S	D	U	X	O	O	T	o	I
E	Y	N	Q	U	A	Y	S	S	A	I	N	T	-	D	E	N	I	S
Y	N	E	A	N	E	R	T	F	D	E	E	Z	O	I	M	A	N	A
A	M	A	S	A	M	A	M	O	U	D	Z	O	U	O	U	N	U	V
C	A	U	C	V	B	N	M	E	R	T	Y	O	I	C	C	A	J	A

10- régions の紹介に出てきた語です. 仲間外れの語を1つ消しなさい.

Tous ces mots sont apparus dans les présentations. Chassez un intrus dans chaque ligne.

1) une fée / un veau / un lutin / un géant
2) un vitrail / une mirabelle / une pomme / un citron
3) un artichaut / un chou-fleur / une pomme de terre / un mouchoir
4) un cheval / une vache / une sardine / un mouton
5) une falaise / une plage / un port / un savon
6) un récit / un conte / une légende / une agglomération
7) un château / une abbaye / une cathédrale / une usine
8) l'agriculture / le golf / l'industrie / l'élevage
9) Bordeaux / Nancy / Metz / Strasbourg
10) Marseille / Calais / Brest / Toulouse

11- régions の紹介に出てきた形容詞です．この形容詞と反対の意味になる形容詞を選びなさい．
Ces adjectifs ont été utilisés dans les présentations. Choisissez l'adjectif qui exprime le mieux son contraire.

varié	identique ou différent	**réputé**	inconnu ou célèbre
fier	orgueilleux ou modeste	**vaste** :	étroit ou spacieux
joyeux	sombre ou gai	**fiable** :	honnête ou malhonnête
chaleureux	bienveillant ou froid	**étonnant** :	spectaculaire ou ordinaire
ancestral	récent ou ancien	**ambigu** :	clair ou équivoque
tragique	effroyable ou anodin		

12- régions の紹介をよく読んで，Vrai または Faux で答えなさい．
Si vous avez bien lu les présentations des régions, vous devez pouvoir facilement répondre par Vrai ou Faux.

1) Faire une cure c'est : passer le weekend dans une station thermale avec des amis pour s'amuser. Vrai / Faux
2) L'eczéma c'est : une maladie de peau. Vrai / Faux
3) Un pneu c'est : une sorte de fromage. Vrai / Faux
4) La pétanque c'est : un sport de montagne. Vrai / Faux
5) Un château fort c'est : un château avec un fantôme. Vrai / Faux
6) Dans la vallée de la Loire, il y a une piste cyclable de plus de 500 kilomètres. Vrai / Faux
7) Bordeaux est surnommée «port de la lune» parce que c'est la base de lancement des fusées européennes. Vrai / Faux
8) Il y a environ 300 châteaux de la Loire. Vrai / Faux
9) La Guyane est une île. Vrai / Faux
10) On ne cultive pas de riz en France. Vrai / Faux

フランス，地方を巡る旅

Fabienne Guillemin　著

2017. 2. 1　初版発行
2023. 3. 10　2版発行

発行者　井　田　洋　二

〒 101-0062 東京都千代田区神田駿河台 3 の 7
発行所　電話　03(3291)1676 FAX 03(3291)1675
　　　　振替　00190-3-56669

株式会社　駿河台出版社

製版・印刷・製本　フォレスト
ISBN978-4-411-01352-1　C1085

http://www.e-surugadai.com